Ivan Kouchnir

Économie de la Zambie

Série "Economie dans les pays"

première publication: 2020
dernière mise à jour: 2021-01-21

Ivan Kouchnir. Économie de la Zambie. Série "Economie dans les pays". - 2020. - 78 pages.

Ce livre sur l'économie de la Zambie des années 1970 aux années 2010. Données source provenant de UN Data.

Taille. Dans les années 2010, le produit intérieur brut de la Zambie s'élevait à 24,1 milliards de dollars par an; la valeur de l'industrie était de 6,0 milliards de dollars. Comme la part dans le monde était comprise entre 0,01% et 0,1%, le pays est classé une petite économie.

Productivité. Dans les années 2010, le produit intérieur brut par habitant était de 1 538,7 dollars; l'industrie par habitant était de 385,3 dollars. Étant donné que la productivité est inférieure à la moyenne inférieure à la moyenne, l'économie est classée comme moins développée.

Croissance. Dans les années 2010, la croissance du produit intérieur brut était de 4,9%; la croissance de l'industrie était de 4,2%.

Structure. Dans les années 2010, l'économie de la Zambie était composée des secteurs suivants: industrie (39,0%), services (23,2%), commerce (14,8%), agriculture (12,5%), transport (7,3%), construction (3,3%).

Exportation et importation. Dans les années 2010, les importations étaient supérieures de 1,6% aux exportations, les importations nettes représentent 0,60% du PIB. La structure technologique des exportations n'est pas meilleure que la structure des importations.

Consommation et reproduction. L'attitude de la reproduction à l'égard de la consommation est meilleure que la moyenne mondiale, de sorte que la part du PIB dans le monde augmentera.

Série "Economie dans les pays": parallel.page.link/fr

© Ivan Kouchnir, 2020

Tous les droits sont réservés.

ISBN: 9798614949921

Contenu

Partie I. Taille	4
Chapitre I. Produit intérieur brut	5
Chapitre II. Valeur ajoutée	9
Chapitre III. Revenu national brut	13
Partie II. Structure	17
Chapitre IV. Agriculture	18
Chapitre V. Industrie	22
Chapitre 5.1. Fabrication	26
Chapitre VI. Construction	31
Chapitre VII. Transport	35
Chapitre VIII. Commerce	39
Chapitre IX. Services	44
Partie III. Relations extérieures	48
Chapitre X. Exportations	49
Chapitre XI. Importations	54
Partie IV. Consommation	59
Chapitre XII. Dépenses publiques	60
Chapitre XIII. Dépenses ménagères	65
Chapitre XIV. Consommation de nourriture	70
Partie V. Reproduction	73
Chapitre XV. Formation de capital fixe	74

Partie I. Taille

	Les années 2010
PIB	24,1 milliards de dollars
Partager dans le monde	0,031%
Partager en Afrique	1,0%
Partager en Afrique de l'Est	7,7%

Chapitre I. Produit intérieur brut

Le PIB de la Zambie est passé de 2,5 milliards de dollars par an dans les années 1970 à 24,1 milliards de dollars par an dans les années 2010, c'est-à-dire 21,6 milliards de dollars ou de 9,5 fois. La variation a été de 15,4 milliards de dollars en raison de l'augmentation de 2,8 fois des prix, et de 545,7 millions de dollars en raison de la croissance de productivité de 1,1 fois, et de 5,6 milliards de dollars en raison de la croissance démographique. La croissance annuelle moyenne du PIB était de 3,1%. La valeur minimale était de 1,5 milliards de dollars en 1970. La valeur maximale était de 27,0 milliards de dollars en 2018.

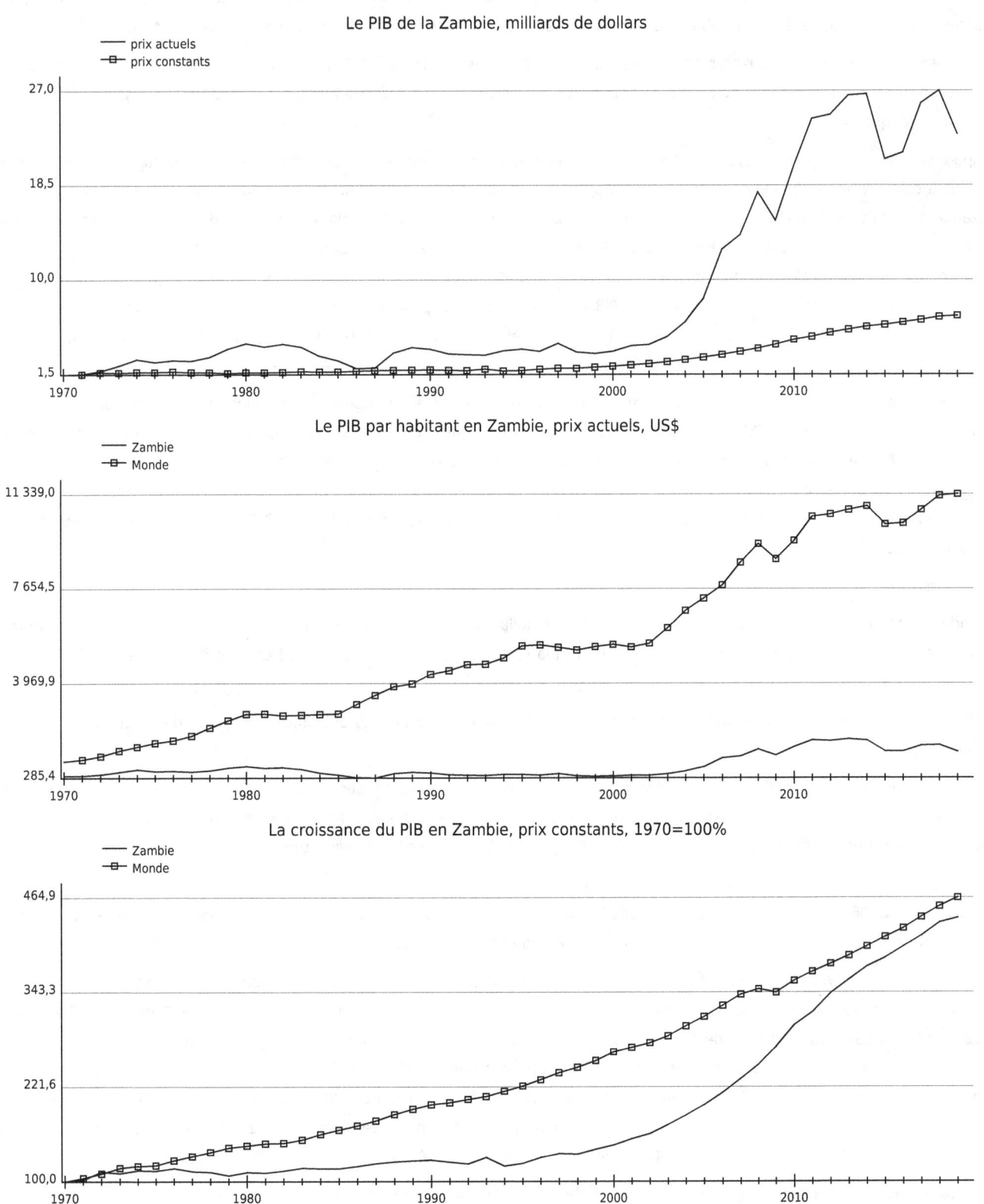

Les années 1970

Le PIB de la Zambie était de 2,5 milliards de dollars par an dans les années 1970, se classant au 87ème rang mondial à égalité avec l'Albanie (2,5 milliards de dollars). La part dans le monde était de 0,039% et de 0,95% en Afrique.

Le PIB de la Zambie était constitué des dépenses ménagères (58,0%), des dépenses publiques (29,8%) et de la formation de capital (7,8%).

Le PIB par habitant en Zambie était de 519.9 dollars dans les années 1970, se classant au 126ème rang mondial, à égalité avec la Corée du Nord (524,0 de dollars), les Samoa (515,2 de dollars), l'Asie (525,2 de dollars). Le PIB par habitant en Zambie était 3,1 fois inférieur le produit intérieur brut par habitant au Monde (1 620,8 US$), et 19,8% inférieur le PIB par habitant en Afrique (648,3 US$).

La croissance du produit intérieur brut en Zambie était de 0.8% dans les années 1970, au 168ème rang mondial, à égalité avec le Bangladesh (0,81%). La croissance du produit intérieur brut en Zambie (0,81%) a été inférieure à celle du monde (4,1%), et inférieure à celle de l'Afrique (4,5%).

Comparaison avec les voisins. Le produit intérieur brut de la Zambie était supérieur à celui du Malawi (1,1 milliards de dollars); mais inférieur à celui de la république démocratique du Congo (9,6 milliards de dollars), du Mozambique (5,6 milliards de dollars), de la Tanzanie (4,6 milliards de dollars), du Zimbabwe (4,5 milliards de dollars) et de l'Angola (4,5 milliards de dollars). Le produit intérieur brut par habitant en Zambie était supérieur à celui de la république démocratique du Congo (424,9 de dollars), de la Tanzanie (290,6 de dollars) et du Malawi (210,8 de dollars); mais inférieur à celui du Zimbabwe (732,8 de dollars), de l'Angola (654,8 de dollars) et du Mozambique (558,2 de dollars). La croissance du PIB en Zambie était supérieure à celle de l'Angola (0,23%) et de la république démocratique du Congo (0,22%); mais inférieure à celle du Malawi (6,8%), du Mozambique (3,9%), de la Tanzanie (3,7%) et du Zimbabwe (1,9%).

Comparaison avec les leaders. Le PIB de la Zambie était inférieur à celui des États-Unis (1,7 billions de dollars), de l'URSS (649,4 milliards de dollars), du Japon (558,0 milliards de dollars), de l'Allemagne (484,2 milliards de dollars) et de la France (333,2 milliards de dollars). Le PIB par habitant en Zambie était inférieur à celui des États-Unis (7 838,7 de dollars), de la France (6 214,9 de dollars), de l'Allemagne (6 148,9 de dollars), du Japon (5 011,3 de dollars) et de l'URSS (2 574,9 de dollars). La croissance du produit intérieur brut en Zambie était inférieure à celle de l'URSS (4,8%), du Japon (4,6%), de la France (3,9%), des États-Unis (3,5%) et de l'Allemagne (3,1%).

Les années 1980

Le produit intérieur brut de la Zambie était de 3,4 milliards de dollars par an dans les années 1980, se situant au 101ème rang mondial à égalité avec le Liban (3,4 milliards de dollars), le Nicaragua (3,4 milliards de dollars). La part dans le monde était de 0,023% et de 0,64% en Afrique.

Le PIB de la Zambie était constitué des dépenses ménagères (70,9%), des dépenses publiques (26,2%) et de la formation de capital (6,7%).

Le produit intérieur brut par habitant en Zambie était de 501.4 dollars dans les années 1980, se situant au 148ème rang mondial, à égalité avec le Mozambique (501,2 de dollars), la Guinée (510,1 de dollars). Le PIB par habitant en Zambie était 6,2 fois inférieur le produit intérieur brut par habitant au Monde (3 123,4 US$), et 49,5% inférieur le produit intérieur brut par habitant en Afrique (993,3 US$).

La croissance du PIB en Zambie était de 1.6% dans les années 1980, se classant au 137ème rang mondial. La croissance du produit intérieur brut en Zambie (1,6%) a été inférieure à celle du monde (3,0%), et inférieure à celle de l'Afrique (1,8%).

Comparaison avec les voisins. Le produit intérieur brut de la Zambie était supérieur à celui du Malawi (2,3 milliards de dollars); mais inférieur à celui de la république démocratique du Congo (10,8 milliards de dollars), du Zimbabwe (10,0 milliards de dollars), de la Tanzanie (8,9 milliards de dollars), de l'Angola (8,5 milliards de dollars) et du Mozambique (6,3 milliards de dollars). Le produit intérieur brut par habitant en Zambie était supérieur à celui du Mozambique (501,2 de dollars), de la Tanzanie (414,2 de dollars), de la RDC (365,6 de dollars) et du Malawi (308,8 de dollars); mais inférieur à celui du Zimbabwe (1 142,3 de dollars) et de l'Angola (868,9 de dollars). La croissance du produit intérieur brut en Zambie était supérieure à celle du Mozambique (-0,18%); mais inférieure à celle du Zimbabwe (4,7%), de l'Angola (2,7%), de la Tanzanie (2,3%), du Malawi (2,0%) et de la RDC (1,8%).

Comparaison avec les leaders. Le produit intérieur brut de la Zambie était inférieur à celui des États-Unis (4,2 billions de dollars), du

Chapitre I. Produit intérieur brut

Japon (1,8 billions de dollars), de l'Allemagne (990,0 milliards de dollars), de l'URSS (887,0 milliards de dollars) et de la France (729,5 milliards de dollars). Le produit intérieur brut par habitant en Zambie était inférieur à celui des États-Unis (17 427,1 de dollars), du Japon (14 970,9 de dollars), de la France (12 907,5 de dollars), de l'Allemagne (12 688,8 de dollars) et de l'URSS (3 222,9 de dollars). La croissance du PIB en Zambie était inférieure à celle de l'URSS (4,3%), du Japon (4,3%), des États-Unis (3,1%), de la France (2,3%) et de l'Allemagne (1,9%).

Les années 1990

Le produit intérieur brut de la Zambie était de 3,6 milliards de dollars par an dans les années 1990, se situant au 127ème rang mondial à égalité avec la Macédoine du Nord (3,6 milliards de dollars), la Namibie (3,6 milliards de dollars). La part dans le monde était de 0,013% et de 0,61% en Afrique.

Le PIB de la Zambie était constitué des dépenses ménagères (79,6%), de la formation de capital (15,9%) et des dépenses publiques (11,0%).

Le PIB par habitant en Zambie était de 399.5 dollars dans les années 1990, se situant au 178ème rang mondial, à égalité avec le Bénin (394,6 de dollars), le Soudan (392,5 de dollars), le Kirghizistan (408,2 de dollars). Le produit intérieur brut par habitant en Zambie était 12,6 fois inférieur le PIB par habitant au Monde (5 020,1 US$), et 2,1 fois inférieur le produit intérieur brut par habitant en Afrique (833,3 US$).

La croissance du produit intérieur brut en Zambie était de 1.1% dans les années 1990, se situant au 162ème rang mondial. La croissance du PIB en Zambie (1,1%) a été inférieure à celle du monde (2,8%), et inférieure à celle de l'Afrique (2,4%).

Comparaison avec les voisins. Le produit intérieur brut de la Zambie était supérieur à celui du Malawi (3,1 milliards de dollars); mais inférieur à celui de l'Angola (11,8 milliards de dollars), du Zimbabwe (11,5 milliards de dollars), de la république démocratique du Congo (11,4 milliards de dollars), de la Tanzanie (8,5 milliards de dollars) et du Mozambique (3,8 milliards de dollars). Le PIB par habitant en Zambie était supérieur à celui du Malawi (309,5 de dollars), de la Tanzanie (290,7 de dollars), de la RDC (281,8 de dollars) et du Mozambique (253,5 de dollars); mais inférieur à celui du Zimbabwe (1 019,5 de dollars) et de l'Angola (857,9 de dollars). La croissance du PIB en Zambie était supérieure à celle de l'Angola (0,89%) et de la RDC (-5,6%); mais inférieure à celle du Mozambique (6,2%), de la Tanzanie (4,3%), du Malawi (2,6%) et du Zimbabwe (2,0%).

Comparaison avec les leaders. Le PIB de la Zambie était inférieur à celui des États-Unis (7,6 billions de dollars), du Japon (4,3 billions de dollars), de l'Allemagne (2,2 billions de dollars), de la France (1,4 billions de dollars) et du Royaume-Uni (1,3 billions de dollars). Le PIB par habitant en Zambie était inférieur à celui du Japon (34 325,0 de dollars), des États-Unis (28 654,0 de dollars), de l'Allemagne (27 003,8 de dollars), de la France (24 100,9 de dollars) et du Royaume-Uni (22 920,4 de dollars). La croissance du PIB en Zambie était inférieure à celle des États-Unis (3,2%), du Royaume-Uni (2,3%), de l'Allemagne (2,2%), de la France (2,0%) et du Japon (1,5%).

Les années 2000

Le produit intérieur brut de la Zambie était de 9,1 milliards de dollars par an dans les années 2000, se situant au 116ème rang mondial à égalité avec le Gabon (9,1 milliards de dollars). La part dans le monde était de 0,020% et de 0,82% en Afrique.

Le PIB de la Zambie était constitué des dépenses ménagères (62,4%), de la formation de capital (29,9%) et des dépenses publiques (8,9%).

Le produit intérieur brut par habitant en Zambie était de 778.2 dollars dans les années 2000, se situant au 169ème rang mondial, à égalité avec l'Ouzbékistan (779,7 de dollars), Sao Tomé-et-Principe (769,9 de dollars). Le produit intérieur brut par habitant en Zambie était 9,2 fois inférieur le produit intérieur brut par habitant au Monde (7 176,3 US$), et 36,7% inférieur le produit intérieur brut par habitant en Afrique (1 228,8 US$).

La croissance du PIB en Zambie était de 6.8% dans les années 2000, se classant au 28ème rang mondial, à égalité avec le Viêt Nam (6,8%). La croissance du produit intérieur brut en Zambie (6,8%) a été supérieure à celle du monde (3,0%), et supérieure à celle de l'Afrique (5,1%).

Comparaison avec les voisins. Le produit intérieur brut de la Zambie était supérieur à celui du Mozambique (8,3 milliards de dollars), du Zimbabwe (7,8 milliards de dollars) et du Malawi (4,0 milliards de dollars); mais inférieur à celui de l'Angola (39,4 milliards de dollars), de la Tanzanie (18,7 milliards de dollars) et de la république démocratique du Congo (12,6 milliards de dollars). Le PIB par habitant en Zambie était supérieur à celui du Zimbabwe (643,6 de dollars), de la Tanzanie (491,8 de dollars), du Mozambique (411,5 de dollars), du Malawi (319,3 de dollars) et de la RDC (232,5 de dollars); mais inférieur à celui de l'Angola (2 048,6 de dollars). La croissance du PIB en Zambie était supérieure à celle de la Tanzanie (6,4%), du Malawi (4,3%), de la RDC (3,2%) et du Zimbabwe (0,44%); mais inférieure à celle de l'Angola (8,6%) et du Mozambique (7,5%).

Comparaison avec les leaders. Le produit intérieur brut de la Zambie était inférieur à celui des États-Unis (12,6 billions de dollars), du Japon (4,7 billions de dollars), de l'Allemagne (2,8 billions de dollars), de la Chine (2,6 billions de dollars) et du Royaume-Uni (2,3 billions de dollars). Le produit intérieur brut par habitant en Zambie était inférieur à celui des États-Unis (42 841,2 de dollars), du Royaume-Uni (38 399,3 de dollars), du Japon (36 386,2 de dollars), de l'Allemagne (33 966,8 de dollars) et de la Chine (1 954,1 de dollars). La croissance du produit intérieur brut en Zambie était supérieure à celle des États-Unis (1,9%), du Royaume-Uni (1,7%), de l'Allemagne (0,73%) et du Japon (0,50%); mais inférieure à celle de la Chine (10,3%).

Les années 2010

Le PIB de la Zambie était de 24,1 milliards de dollars par an dans les années 2010, se situant au 106ème rang mondial à égalité avec Chypre (23,8 milliards de dollars), Trinité-et-Tobago (24,5 milliards de dollars). La part dans le monde était de 0,031% et de 1,0% en Afrique.

Le produit intérieur brut de la Zambie était constitué des dépenses ménagères (50,8%), de la formation de capital (36,3%) et des dépenses publiques (13,0%).

Le produit intérieur brut par habitant en Zambie était de 1538.7 dollars dans les années 2010, se classant au 169ème rang mondial. Le PIB par habitant en Zambie était 6,9 fois inférieur le produit intérieur brut par habitant au Monde (10 603,1 US$), et 22,3% inférieur le PIB par habitant en Afrique (1 979,5 US$).

La croissance du produit intérieur brut en Zambie était de 4.9% dans les années 2010, au 47ème rang mondial, à égalité avec Singapour (4,8%), le Népal (4,9%), la Géorgie (4,9%). La croissance du produit intérieur brut en Zambie (4,9%) a été supérieure à celle du monde (3,1%), et supérieure à celle de l'Afrique (2,9%).

Comparaison avec les voisins. Le PIB de la Zambie était 26,8% supérieur à celui du Zimbabwe (19,0 milliards de dollars), 63,2% supérieur à celui du Mozambique (14,8 milliards de dollars) et 3,7 fois supérieur à celui du Malawi (6,5 milliards de dollars); mais 4,7 fois inférieur à celui de l'Angola (113,2 milliards de dollars), 49,9% inférieur à celui de la Tanzanie (48,2 milliards de dollars) et 32,2% inférieur à celui de la république démocratique du Congo (35,6 milliards de dollars). Le produit intérieur brut par habitant en Zambie était 10,7% supérieur à celui du Zimbabwe (1 389,9 de dollars), 62,7% supérieur à celui de la Tanzanie (946,0 de dollars), 2,8 fois supérieur à celui du Mozambique (551,8 de dollars), 3,3 fois supérieur à celui de la RDC (472,5 de dollars) et 3,9 fois supérieur à celui du Malawi (394,7 de dollars); mais 2,7 fois inférieur à celui de l'Angola (4 118,4 de dollars). La croissance du PIB en Zambie était supérieure à celle du Malawi (4,4%) et de l'Angola (2,1%); mais inférieure à celle de la Tanzanie (6,6%), de la république démocratique du Congo (6,2%), du Zimbabwe (5,6%) et du Mozambique (5,5%).

Comparaison avec les leaders. Le PIB de la Zambie était 744,8 fois inférieur à celui des États-Unis (18,0 billions de dollars), 435,7 fois inférieur à celui de la Chine (10,5 billions de dollars), 216,8 fois inférieur à celui du Japon (5,2 billions de dollars), 151,8 fois inférieur à celui de l'Allemagne (3,7 billions de dollars) et 114,7 fois inférieur à celui du Royaume-Uni (2,8 billions de dollars). Le PIB par habitant en Zambie était 36,5 fois inférieur à celui des États-Unis (56 220,1 de dollars), 29,1 fois inférieur à celui de l'Allemagne (44 732,1 de dollars), 27,4 fois inférieur à celui du Royaume-Uni (42 176,3 de dollars), 26,6 fois inférieur à celui du Japon (40 869,8 de dollars) et 4,9 fois inférieur à celui de la Chine (7 491,3 de dollars). La croissance du PIB en Zambie était supérieure à celle des États-Unis (2,3%), de l'Allemagne (1,9%), du Royaume-Uni (1,8%) et du Japon (1,3%); mais inférieure à celle de la Chine (7,7%).

Chapitre II. Valeur ajoutée

La valeur ajoutée de la Zambie est passé de 2,2 milliards de dollars par an dans les années 1970 à 22,8 milliards de dollars par an dans les années 2010, c'est-à-dire 20,6 milliards de dollars ou de 10,4 fois. La variation a été de 15,4 milliards de dollars en raison de l'augmentation de 3,1 fois des prix, et de 423,1 millions de dollars en raison de la croissance de productivité de 1,1 fois, et de 4,8 milliards de dollars en raison de la croissance démographique. La croissance annuelle moyenne de la valeur ajoutée était de 3,0%. La valeur minimale était de 1,3 milliards de dollars en 1970. La valeur maximale était de 26,3 milliards de dollars en 2013.

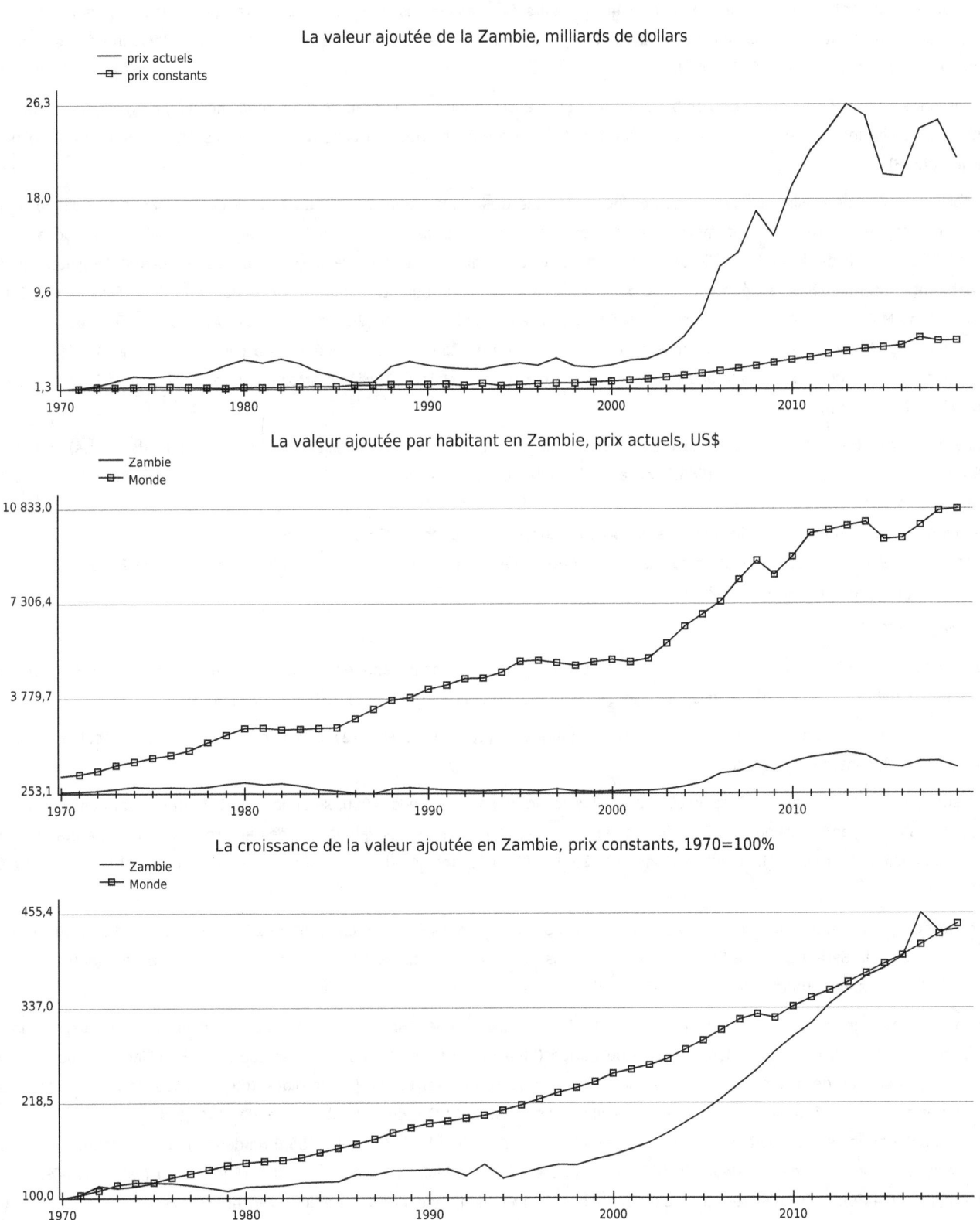

Les années 1970

La valeur ajoutée de la Zambie était de 2,2 milliards de dollars par an dans les années 1970, se classant au 93ème rang mondial à égalité avec Madagascar (2,2 milliards de dollars), le Panama (2,2 milliards de dollars). La part dans le monde était de 0,035% et de 0,86% en Afrique.

La valeur ajoutée totale de la Zambie était constituée de: industrie (39,0%), services (23,2%), commerce (14,8%), agriculture (12,5%), transport (7,3%), construction (3,3%).

La valeur ajoutée par habitant en Zambie était de 447.7 dollars dans les années 1970, au 131ème rang mondial. La valeur ajoutée par habitant en Zambie était 3,5 fois inférieure la valeur ajoutée par habitant au Monde (1 564,4 US$), et 27,7% inférieure la valeur ajoutée par habitant en Afrique (619,0 US$).

La croissance de la valeur ajoutée en Zambie était de 0.9% dans les années 1970, au 167ème rang mondial, à égalité avec la Suisse (0,89%). La croissance de la valeur ajoutée en Zambie (0,90%) a été inférieure à celle du monde (3,9%), et inférieure à celle de l'Afrique (4,9%).

Comparaison avec les voisins. La valeur ajoutée de la Zambie était supérieure à celle du Malawi (1,2 milliards de dollars); mais inférieure à celle de la république démocratique du Congo (9,3 milliards de dollars), du Mozambique (5,2 milliards de dollars), de l'Angola (4,5 milliards de dollars), du Zimbabwe (4,4 milliards de dollars) et de la Tanzanie (4,2 milliards de dollars). La valeur ajoutée par habitant en Zambie était supérieure à celle de la république démocratique du Congo (409,4 de dollars), de la Tanzanie (270,4 de dollars) et du Malawi (233,4 de dollars); mais inférieure à celle du Zimbabwe (707,2 de dollars), de l'Angola (643,9 de dollars) et du Mozambique (513,8 de dollars). La croissance de la valeur ajoutée en Zambie était supérieure à celle de l'Angola (0,21%) et de la république démocratique du Congo (0,089%); mais inférieure à celle du Malawi (7,0%), du Mozambique (3,9%), de la Tanzanie (3,5%) et du Zimbabwe (1,7%).

Comparaison avec les leaders. La valeur ajoutée de la Zambie était inférieure à celle des États-Unis (1,7 billions de dollars), de l'URSS (649,4 milliards de dollars), du Japon (545,3 milliards de dollars), de l'Allemagne (444,9 milliards de dollars) et de la France (297,3 milliards de dollars). La valeur ajoutée par habitant en Zambie était inférieure à celle des États-Unis (7 767,9 de dollars), de l'Allemagne (5 650,3 de dollars), de la France (5 544,4 de dollars), du Japon (4 897,5 de dollars) et de l'URSS (2 574,9 de dollars). La croissance de la valeur ajoutée en Zambie était inférieure à celle du Japon (4,9%), de l'URSS (4,8%), de la France (3,7%), de l'Allemagne (3,1%) et des États-Unis (2,9%).

Les années 1980

La valeur ajoutée de la Zambie était de 3,1 milliards de dollars par an dans les années 1980, se classant au 106ème rang mondial à égalité avec Chypre (3,1 milliards de dollars). La part dans le monde était de 0,021% et de 0,60% en Afrique.

La valeur ajoutée totale de la Zambie était constituée de: industrie (40,8%), services (21,1%), commerce (15,9%), agriculture (14,4%), transport (5,6%), construction (2,2%).

La valeur ajoutée par habitant en Zambie était de 452.2 dollars dans les années 1980, se situant au 150ème rang mondial, à égalité avec la République centrafricaine (449,1 de dollars), l'Égypte (447,6 de dollars). La valeur ajoutée par habitant en Zambie était 6,7 fois inférieure la valeur ajoutée par habitant au Monde (3 029,9 US$), et 2,1 fois inférieure la valeur ajoutée par habitant en Afrique (948,7 US$).

La croissance de la valeur ajoutée en Zambie était de 2.2% dans les années 1980, se classant au 123ème rang mondial, à égalité avec la France (2,2%), la Syrie (2,2%), le Soudan (2,2%). La croissance de la valeur ajoutée en Zambie (2,2%) a été inférieure à celle du monde (2,9%), et supérieure à celle de l'Afrique (1,2%).

Comparaison avec les voisins. La valeur ajoutée de la Zambie était supérieure à celle du Malawi (2,0 milliards de dollars); mais inférieure à celle de la république démocratique du Congo (10,4 milliards de dollars), du Zimbabwe (9,3 milliards de dollars), de l'Angola (8,4 milliards de dollars), de la Tanzanie (8,3 milliards de dollars) et du Mozambique (6,0 milliards de dollars). La valeur ajoutée par habitant en Zambie était supérieure à celle de la Tanzanie (387,6 de dollars), de la RDC (349,6 de dollars) et du Malawi (276,0 de dollars); mais inférieure à celle du Zimbabwe (1 067,8 de dollars), de l'Angola (855,6 de dollars) et du Mozambique (481,5 de dollars). La croissance de la valeur ajoutée en Zambie était supérieure à celle de la RDC (1,9%), du Malawi (1,4%) et du Mozambique (-0,44%); mais inférieure à celle du Zimbabwe (3,4%), de l'Angola (2,3%) et de la Tanzanie (2,3%).

Chapitre II. Valeur ajoutée

Comparaison avec les leaders. La valeur ajoutée de la Zambie était inférieure à celle des États-Unis (4,2 billions de dollars), du Japon (1,8 billions de dollars), de l'Allemagne (907,0 milliards de dollars), de l'URSS (887,0 milliards de dollars) et de la France (650,9 milliards de dollars). La valeur ajoutée par habitant en Zambie était inférieure à celle des États-Unis (17 439,9 de dollars), du Japon (14 839,7 de dollars), de l'Allemagne (11 624,4 de dollars), de la France (11 516,2 de dollars) et de l'URSS (3 222,9 de dollars). La croissance de la valeur ajoutée en Zambie était supérieure à celle de la France (2,2%) et de l'Allemagne (2,0%); mais inférieure à celle de l'URSS (4,3%), du Japon (4,2%) et des États-Unis (2,8%).

Les années 1990

La valeur ajoutée de la Zambie était de 3,3 milliards de dollars par an dans les années 1990, se situant au 126ème rang mondial à égalité avec la Namibie (3,3 milliards de dollars). La part dans le monde était de 0,012% et de 0,59% en Afrique.

La valeur ajoutée totale de la Zambie était constituée de: industrie (35,5%), services (20,3%), agriculture (18,2%), commerce (16,8%), transport (5,9%), construction (3,3%).

La valeur ajoutée par habitant en Zambie était de 367.9 dollars dans les années 1990, se situant au 179ème rang mondial, à égalité avec le Bénin (364,6 de dollars), d'Haïti (363,9 de dollars). La valeur ajoutée par habitant en Zambie était 13,0 fois inférieure la valeur ajoutée par habitant au Monde (4 799,9 US$), et 2,2 fois inférieure la valeur ajoutée par habitant en Afrique (793,2 US$).

La croissance de la valeur ajoutée en Zambie était de 1% dans les années 1990, se classant au 164ème rang mondial. La croissance de la valeur ajoutée en Zambie (1,00%) a été inférieure à celle du monde (2,7%), et inférieure à celle de l'Afrique (2,3%).

Comparaison avec les voisins. La valeur ajoutée de la Zambie était supérieure à celle du Malawi (3,0 milliards de dollars); mais inférieure à celle de l'Angola (11,6 milliards de dollars), de la république démocratique du Congo (11,3 milliards de dollars), du Zimbabwe (10,9 milliards de dollars), de la Tanzanie (8,2 milliards de dollars) et du Mozambique (3,6 milliards de dollars). La valeur ajoutée par habitant en Zambie était supérieure à celle du Malawi (298,0 de dollars), de la Tanzanie (283,5 de dollars), de la république démocratique du Congo (278,5 de dollars) et du Mozambique (236,3 de dollars); mais inférieure à celle du Zimbabwe (967,7 de dollars) et de l'Angola (841,1 de dollars). La croissance de la valeur ajoutée en Zambie était supérieure à celle de l'Angola (-0,78%) et de la RDC (-5,1%); mais inférieure à celle de la Tanzanie (4,6%), du Mozambique (4,6%), du Malawi (3,3%) et du Zimbabwe (2,6%).

Comparaison avec les leaders. La valeur ajoutée de la Zambie était inférieure à celle des États-Unis (7,6 billions de dollars), du Japon (4,3 billions de dollars), de l'Allemagne (2,0 billions de dollars), de la France (1,3 billions de dollars) et du Royaume-Uni (1,2 billions de dollars). La valeur ajoutée par habitant en Zambie était inférieure à celle du Japon (34 190,7 de dollars), des États-Unis (28 605,8 de dollars), de l'Allemagne (24 519,7 de dollars), de la France (21 588,1 de dollars) et du Royaume-Uni (21 414,8 de dollars). La croissance de la valeur ajoutée en Zambie était inférieure à celle des États-Unis (2,8%), du Royaume-Uni (2,4%), de l'Allemagne (2,1%), de la France (1,8%) et du Japon (1,8%).

Les années 2000

La valeur ajoutée de la Zambie était de 8,6 milliards de dollars par an dans les années 2000, au 116ème rang mondial à égalité avec le Gabon (8,6 milliards de dollars), les Bahamas (8,8 milliards de dollars). La part dans le monde était de 0,019% et de 0,82% en Afrique.

La valeur ajoutée totale de la Zambie était constituée de: services (25,5%), commerce (22,6%), industrie (21,7%), agriculture (13,9%), construction (8,9%), transport (7,3%).

La valeur ajoutée par habitant en Zambie était de 733.9 dollars dans les années 2000, se situant au 170ème rang mondial, à égalité avec le Viêt Nam (728,6 de dollars), la Gambie (741,0 de dollars). La valeur ajoutée par habitant en Zambie était 9,3 fois inférieure la valeur ajoutée par habitant au Monde (6 818,0 US$), et 37,1% inférieure la valeur ajoutée par habitant en Afrique (1 165,9 US$).

La croissance de la valeur ajoutée en Zambie était de 6.6% dans les années 2000, se situant au 24ème rang mondial, à égalité avec la Jordanie (6,6%). La croissance de la valeur ajoutée en Zambie (6,6%) a été supérieure à celle du monde (2,9%), et supérieure à celle de l'Afrique (4,9%).

Comparaison avec les voisins. La valeur ajoutée de la Zambie était supérieure à celle du Mozambique (7,4 milliards de dollars), du Zimbabwe (7,3 milliards de dollars) et du Malawi (3,7 milliards de dollars); mais inférieure à celle de l'Angola (39,5 milliards de dollars), de la Tanzanie (17,5 milliards de dollars) et de la république démocratique du Congo (12,1 milliards de dollars). La valeur ajoutée par habitant en Zambie était supérieure à celle du Zimbabwe (601,6 de dollars), de la Tanzanie (458,5 de dollars), du

Mozambique (365,6 de dollars), du Malawi (293,9 de dollars) et de la république démocratique du Congo (223,3 de dollars); mais inférieure à celle de l'Angola (2 053,7 de dollars). La croissance de la valeur ajoutée en Zambie était supérieure à celle de la Tanzanie (6,3%), du Malawi (3,8%), de la RDC (3,0%) et du Zimbabwe (-0,25%); mais inférieure à celle de l'Angola (8,0%) et du Mozambique (7,7%).

Comparaison avec les leaders. La valeur ajoutée de la Zambie était inférieure à celle des États-Unis (12,6 billions de dollars), du Japon (4,7 billions de dollars), de la Chine (2,6 billions de dollars), de l'Allemagne (2,5 billions de dollars) et du Royaume-Uni (2,1 billions de dollars). La valeur ajoutée par habitant en Zambie était inférieure à celle des États-Unis (42 840,8 de dollars), du Japon (36 383,0 de dollars), du Royaume-Uni (34 611,1 de dollars), de l'Allemagne (30 717,6 de dollars) et de la Chine (1 954,1 de dollars). La croissance de la valeur ajoutée en Zambie était supérieure à celle des États-Unis (1,7%), du Royaume-Uni (1,7%), de l'Allemagne (0,65%) et du Japon (0,27%); mais inférieure à celle de la Chine (10,2%).

Les années 2010

La valeur ajoutée de la Zambie était de 22,8 milliards de dollars par an dans les années 2010, au 105ème rang mondial. La part dans le monde était de 0,031% et de 1,0% en Afrique.

La valeur ajoutée totale de la Zambie était constituée de: industrie (26,5%), services (25,4%), commerce (23,8%), construction (9,7%), transport (7,8%), agriculture (6,8%).

La valeur ajoutée par habitant en Zambie était de 1454.2 dollars dans les années 2010, se situant au 169ème rang mondial. La valeur ajoutée par habitant en Zambie était 6,9 fois inférieure la valeur ajoutée par habitant au Monde (10 094,6 US$), et 22,9% inférieure la valeur ajoutée par habitant en Afrique (1 886,4 US$).

La croissance de la valeur ajoutée en Zambie était de 4.4% dans les années 2010, se classant au 59ème rang mondial, à égalité avec le Cameroun (4,4%), le Tadjikistan (4,4%), le Pérou (4,4%). La croissance de la valeur ajoutée en Zambie (4,4%) a été supérieure à celle du monde (3,1%), et supérieure à celle de l'Afrique (2,7%).

Comparaison avec les voisins. La valeur ajoutée de la Zambie était 33,7% supérieure à celle du Zimbabwe (17,0 milliards de dollars), 72,8% supérieure à celle du Mozambique (13,2 milliards de dollars) et 3,9 fois supérieure à celle du Malawi (5,8 milliards de dollars); mais 5,0 fois inférieure à celle de l'Angola (113,8 milliards de dollars), 48,6% inférieure à celle de la Tanzanie (44,4 milliards de dollars) et 32,2% inférieure à celle de la RDC (33,6 milliards de dollars). La valeur ajoutée par habitant en Zambie était 16,7% supérieure à celle du Zimbabwe (1 245,7 de dollars), 66,8% supérieure à celle de la Tanzanie (871,6 de dollars), 3,0 fois supérieure à celle du Mozambique (492,6 de dollars), 3,3 fois supérieure à celle de la RDC (446,6 de dollars) et 4,1 fois supérieure à celle du Malawi (351,2 de dollars); mais 2,8 fois inférieure à celle de l'Angola (4 141,2 de dollars). La croissance de la valeur ajoutée en Zambie était supérieure à celle du Malawi (4,3%) et de l'Angola (2,4%); mais inférieure à celle de la Tanzanie (6,8%), de la république démocratique du Congo (6,3%), du Zimbabwe (5,9%) et du Mozambique (5,3%).

Comparaison avec les leaders. La valeur ajoutée de la Zambie était 788,1 fois inférieure à celle des États-Unis (18,0 billions de dollars), 461,0 fois inférieure à celle de la Chine (10,5 billions de dollars), 228,2 fois inférieure à celle du Japon (5,2 billions de dollars), 144,9 fois inférieure à celle de l'Allemagne (3,3 billions de dollars) et 108,4 fois inférieure à celle du Royaume-Uni (2,5 billions de dollars). La valeur ajoutée par habitant en Zambie était 38,7 fois inférieure à celle des États-Unis (56 220,3 de dollars), 28,0 fois inférieure à celle du Japon (40 660,3 de dollars), 27,7 fois inférieure à celle de l'Allemagne (40 346,4 de dollars), 25,9 fois inférieure à celle du Royaume-Uni (37 659,6 de dollars) et 5,2 fois inférieure à celle de la Chine (7 491,3 de dollars). La croissance de la valeur ajoutée en Zambie était supérieure à celle des États-Unis (2,2%), de l'Allemagne (1,9%), du Royaume-Uni (1,8%) et du Japon (1,3%); mais inférieure à celle de la Chine (7,7%).

Chapitre III. Revenu national brut

Le revenu national brut de la Zambie est passé de 2,2 milliards de dollars par an dans les années 1970 à 23,4 milliards de dollars par an dans les années 2010, c'est-à-dire 21,3 milliards de dollars ou de 10,8 fois. La variation a été de 15,1 milliards de dollars en raison de l'augmentation de 2,8 fois des prix, et de 1,3 milliards de dollars en raison de la croissance de productivité de 1,2 fois, et de 4,8 milliards de dollars en raison de la croissance démographique. La croissance annuelle moyenne du RNB était de 2,9%. La valeur minimale était de 1,3 milliards de dollars en 1986. La valeur maximale était de 26,9 milliards de dollars en 2013.

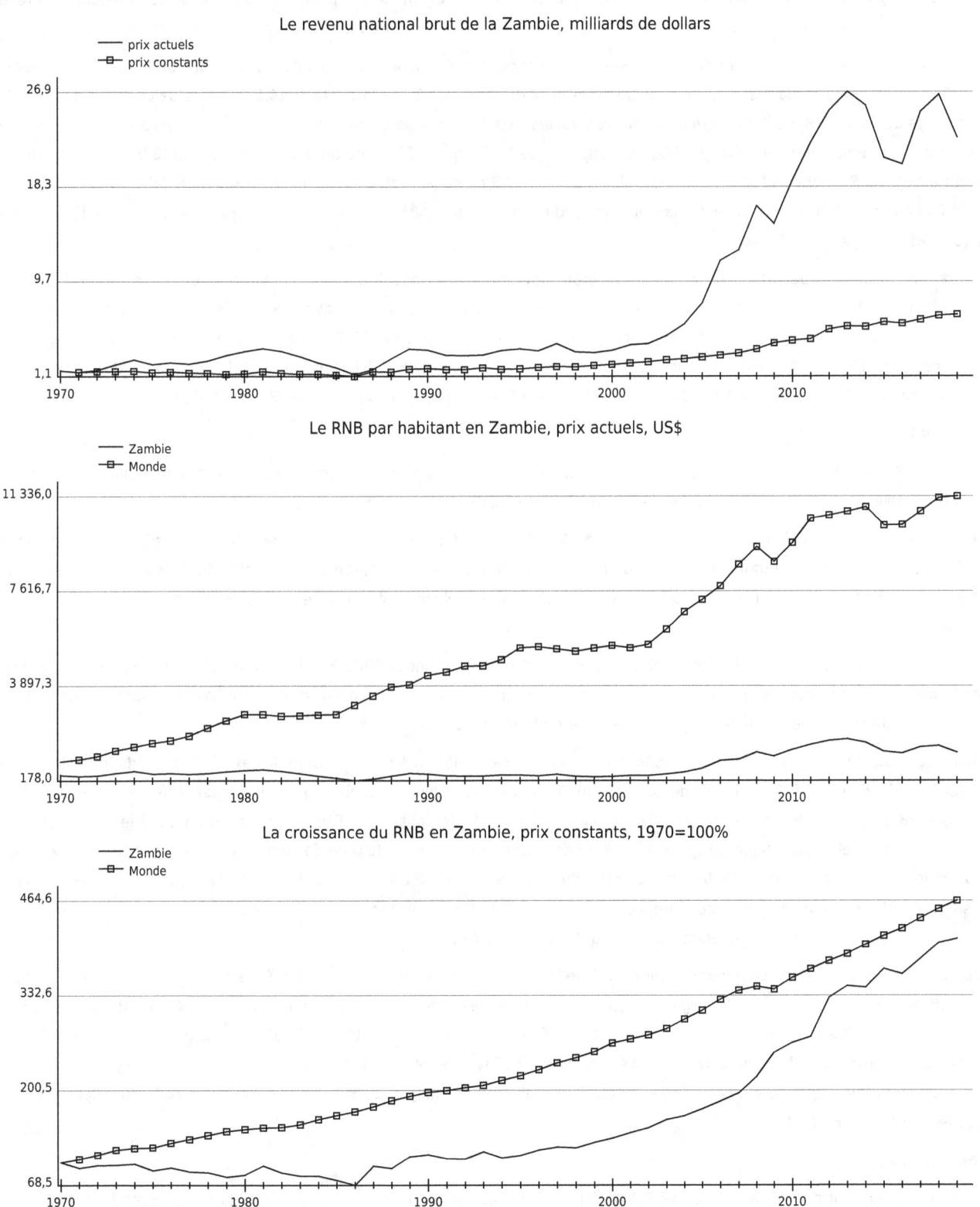

Les années 1970

Le RNB de la Zambie était de 2,2 milliards de dollars par an dans les années 1970, se situant au 92ème rang mondial. La part dans le monde était de 0,033% et de 0,84% en Afrique.

Le revenu national brut par habitant en Zambie était de 446.2 dollars dans les années 1970, se classant au 133ème rang mondial, à égalité avec les Tonga (438,6 de dollars), le Honduras (456,4 de dollars). Le revenu national brut par habitant en Zambie était 3,6 fois inférieur le RNB par habitant au Monde (1 624,3 US$), et 29,4% inférieur le RNB par habitant en Afrique (632,4 US$).

La croissance du RNB en Zambie était de -2.5% dans les années 1970, se situant au 183ème rang mondial. La croissance du revenu national brut en Zambie (-2,5%) a été inférieure à celle du monde (4,1%), et inférieure à celle de l'Afrique (4,7%).

Comparaison avec les voisins. Le RNB de la Zambie était supérieur à celui du Malawi (1,1 milliards de dollars); mais inférieur à celui de la RDC (9,6 milliards de dollars), du Mozambique (5,5 milliards de dollars), de la Tanzanie (4,6 milliards de dollars), du Zimbabwe (4,4 milliards de dollars) et de l'Angola (4,3 milliards de dollars). Le revenu national brut par habitant en Zambie était supérieur à celui de la république démocratique du Congo (421,3 de dollars), de la Tanzanie (291,7 de dollars) et du Malawi (208,1 de dollars); mais inférieur à celui du Zimbabwe (716,6 de dollars), de l'Angola (617,3 de dollars) et du Mozambique (541,8 de dollars). La croissance du RNB en Zambie était inférieure à celle du Malawi (6,6%), du Mozambique (3,8%), de la Tanzanie (3,7%), du Zimbabwe (1,9%), de la RDC (0,18%) et de l'Angola (0,14%).

Comparaison avec les leaders. Le RNB de la Zambie était inférieur à celui des États-Unis (1,7 billions de dollars), de l'URSS (649,4 milliards de dollars), du Japon (558,5 milliards de dollars), de l'Allemagne (486,2 milliards de dollars) et de la France (334,3 milliards de dollars). Le RNB par habitant en Zambie était inférieur à celui des États-Unis (7 837,2 de dollars), de la France (6 235,1 de dollars), de l'Allemagne (6 174,4 de dollars), du Japon (5 015,3 de dollars) et de l'URSS (2 574,9 de dollars). La croissance du RNB en Zambie était inférieure à celle de l'URSS (4,8%), du Japon (4,7%), de la France (3,9%), des États-Unis (3,5%) et de l'Allemagne (3,0%).

Les années 1980

Le RNB de la Zambie était de 2,7 milliards de dollars par an dans les années 1980, se classant au 110ème rang mondial à égalité avec le Népal (2,7 milliards de dollars). La part dans le monde était de 0,018% et de 0,51% en Afrique.

Le revenu national brut par habitant en Zambie était de 391.5 dollars dans les années 1980, se situant au 156ème rang mondial, à égalité avec la République centrafricaine (382,1 de dollars), l'Est (382,0 de dollars). Le revenu national brut par habitant en Zambie était 8,0 fois inférieur le RNB par habitant au Monde (3 117,1 US$), et 2,4 fois inférieur le revenu national brut par habitant en Afrique (957,8 US$).

La croissance du revenu national brut en Zambie était de 3.1% dans les années 1980, se classant au 85ème rang mondial, à égalité avec l'Amérique septentrionale (3,0%), l'Ouganda (3,1%), les États-Unis (3,1%). La croissance du RNB en Zambie (3,1%) a été supérieure à celle du monde (3,0%), et supérieure à celle de l'Afrique (1,6%).

Comparaison avec les voisins. Le revenu national brut de la Zambie était supérieur à celui du Malawi (2,1 milliards de dollars); mais inférieur à celui de la RDC (10,4 milliards de dollars), du Zimbabwe (9,7 milliards de dollars), de la Tanzanie (8,8 milliards de dollars), de l'Angola (8,0 milliards de dollars) et du Mozambique (6,1 milliards de dollars). Le RNB par habitant en Zambie était supérieur à celui de la république démocratique du Congo (350,5 de dollars) et du Malawi (286,0 de dollars); mais inférieur à celui du Zimbabwe (1 109,6 de dollars), de l'Angola (810,4 de dollars), du Mozambique (485,6 de dollars) et de la Tanzanie (409,6 de dollars). La croissance du RNB en Zambie était supérieure à celle de l'Angola (2,2%), de la Tanzanie (1,8%), du Malawi (1,3%), de la RDC (1,2%) et du Mozambique (-0,43%); mais inférieure à celle du Zimbabwe (4,7%).

Comparaison avec les leaders. Le revenu national brut de la Zambie était inférieur à celui des États-Unis (4,2 billions de dollars), du Japon (1,8 billions de dollars), de l'Allemagne (996,5 milliards de dollars), de l'URSS (887,0 milliards de dollars) et de la France (732,1 milliards de dollars). Le RNB par habitant en Zambie était inférieur à celui des États-Unis (17 362,5 de dollars), du Japon (15 042,8 de dollars), de la France (12 952,6 de dollars), de l'Allemagne (12 771,0 de dollars) et de l'URSS (3 222,9 de dollars). La croissance du RNB en Zambie était supérieure à celle de la France (2,3%) et de l'Allemagne (2,0%); mais inférieure à celle du Japon (4,4%), de l'URSS (4,3%) et des États-Unis (3,1%).

Les années 1990

Le revenu national brut de la Zambie était de 3,3 milliards de dollars par an dans les années 1990, au 132ème rang mondial. La part

Chapitre III. Revenu national brut

dans le monde était de 0,012% et de 0,59% en Afrique.

Le RNB par habitant en Zambie était de 370.5 dollars dans les années 1990, se situant au 181ème rang mondial, à égalité avec la République centrafricaine (368,8 de dollars), le Soudan (372,9 de dollars), l'Inde (373,8 de dollars). Le revenu national brut par habitant en Zambie était 13,5 fois inférieur le RNB par habitant au Monde (4 991,4 US$), et 2,2 fois inférieur le RNB par habitant en Afrique (799,7 US$).

La croissance du revenu national brut en Zambie était de 1.7% dans les années 1990, au 143ème rang mondial, à égalité avec les Comores (1,7%). La croissance du revenu national brut en Zambie (1,7%) a été inférieure à celle du monde (2,8%), et inférieure à celle de l'Afrique (2,5%).

Comparaison avec les voisins. Le RNB de la Zambie était supérieur à celui du Malawi (3,0 milliards de dollars); mais inférieur à celui du Zimbabwe (11,0 milliards de dollars), de la RDC (10,5 milliards de dollars), de l'Angola (8,5 milliards de dollars), de la Tanzanie (8,2 milliards de dollars) et du Mozambique (3,6 milliards de dollars). Le RNB par habitant en Zambie était supérieur à celui du Malawi (301,1 de dollars), de la Tanzanie (283,2 de dollars), de la république démocratique du Congo (259,4 de dollars) et du Mozambique (240,8 de dollars); mais inférieur à celui du Zimbabwe (977,4 de dollars) et de l'Angola (615,5 de dollars). La croissance du revenu national brut en Zambie était supérieure à celle de l'Angola (-0,52%) et de la RDC (-5,3%); mais inférieure à celle du Mozambique (5,6%), de la Tanzanie (4,7%), du Malawi (3,6%) et du Zimbabwe (1,9%).

Comparaison avec les leaders. Le revenu national brut de la Zambie était inférieur à celui des États-Unis (7,5 billions de dollars), du Japon (4,4 billions de dollars), de l'Allemagne (2,2 billions de dollars), de la France (1,4 billions de dollars) et du Royaume-Uni (1,3 billions de dollars). Le revenu national brut par habitant en Zambie était inférieur à celui du Japon (34 665,3 de dollars), des États-Unis (28 503,5 de dollars), de l'Allemagne (27 004,0 de dollars), de la France (24 286,5 de dollars) et du Royaume-Uni (23 037,3 de dollars). La croissance du revenu national brut en Zambie était supérieure à celle du Japon (1,5%); mais inférieure à celle des États-Unis (3,4%), de la France (2,2%), du Royaume-Uni (2,0%) et de l'Allemagne (2,0%).

Les années 2000

Le RNB de la Zambie était de 8,5 milliards de dollars par an dans les années 2000, au 116ème rang mondial à égalité avec le Népal (8,4 milliards de dollars). La part dans le monde était de 0,018% et de 0,79% en Afrique.

Le revenu national brut par habitant en Zambie était de 725.6 dollars dans les années 2000, au 174ème rang mondial, à égalité avec l'Inde (725,4 de dollars), le Pakistan (732,2 de dollars), la Gambie (735,7 de dollars). Le RNB par habitant en Zambie était 9,9 fois inférieur le RNB par habitant au Monde (7 165,2 US$), et 38,8% inférieur le RNB par habitant en Afrique (1 185,1 US$).

La croissance du revenu national brut en Zambie était de 7% dans les années 2000, se classant au 25ème rang mondial. La croissance du revenu national brut en Zambie (7,0%) a été supérieure à celle du monde (3,0%), et supérieure à celle de l'Afrique (5,1%).

Comparaison avec les voisins. Le RNB de la Zambie était supérieur à celui du Mozambique (7,8 milliards de dollars), du Zimbabwe (7,5 milliards de dollars) et du Malawi (3,3 milliards de dollars); mais inférieur à celui de l'Angola (34,3 milliards de dollars), de la Tanzanie (18,5 milliards de dollars) et de la république démocratique du Congo (12,2 milliards de dollars). Le RNB par habitant en Zambie était supérieur à celui du Zimbabwe (621,3 de dollars), de la Tanzanie (486,5 de dollars), du Mozambique (385,0 de dollars), du Malawi (264,8 de dollars) et de la RDC (224,9 de dollars); mais inférieur à celui de l'Angola (1 780,2 de dollars). La croissance du revenu national brut en Zambie était supérieure à celle de la Tanzanie (6,5%), du Malawi (4,3%), de la république démocratique du Congo (3,2%) et du Zimbabwe (-0,54%); mais inférieure à celle de l'Angola (10,1%) et du Mozambique (8,5%).

Comparaison avec les leaders. Le RNB de la Zambie était inférieur à celui des États-Unis (12,7 billions de dollars), du Japon (4,8 billions de dollars), de l'Allemagne (2,8 billions de dollars), de la Chine (2,6 billions de dollars) et du Royaume-Uni (2,3 billions de dollars). Le revenu national brut par habitant en Zambie était inférieur à celui des États-Unis (43 177,4 de dollars), du Royaume-Uni (38 514,5 de dollars), du Japon (37 144,2 de dollars), de l'Allemagne (34 189,0 de dollars) et de la Chine (1 950,5 de dollars). La croissance du RNB en Zambie était supérieure à celle des États-Unis (1,8%), du Royaume-Uni (1,7%), de l'Allemagne (1,0%) et du Japon (0,62%); mais inférieure à celle de la Chine (10,4%).

Les années 2010

Le revenu national brut de la Zambie était de 23,4 milliards de dollars par an dans les années 2010, se classant au 105ème rang mondial à égalité avec Trinité-et-Tobago (23,4 milliards de dollars), Chypre (23,4 milliards de dollars). La part dans le monde était de

0,030% et de 1,0% en Afrique.

Le RNB par habitant en Zambie était de 1495.2 dollars dans les années 2010, se situant au 170ème rang mondial, à égalité avec l'Afrique centrale (1 483,3 de dollars). Le revenu national brut par habitant en Zambie était 7,1 fois inférieur le RNB par habitant au Monde (10 611,7 US$), et 21,9% inférieur le RNB par habitant en Afrique (1 913,3 US$).

La croissance du RNB en Zambie était de 5% dans les années 2010, se situant au 48ème rang mondial, à égalité avec l'Islande (5,0%), la Guinée-Bissau (5,0%), l'Irak (5,0%). La croissance du RNB en Zambie (5,0%) a été supérieure à celle du monde (3,1%), et supérieure à celle de l'Afrique (2,9%).

Comparaison avec les voisins. Le revenu national brut de la Zambie était 36,4% supérieur à celui du Zimbabwe (17,2 milliards de dollars), 60,9% supérieur à celui du Mozambique (14,6 milliards de dollars) et 3,6 fois supérieur à celui du Malawi (6,5 milliards de dollars); mais 4,5 fois inférieur à celui de l'Angola (105,5 milliards de dollars), 2,0 fois inférieur à celui de la Tanzanie (47,4 milliards de dollars) et 32,1% inférieur à celui de la république démocratique du Congo (34,5 milliards de dollars). Le RNB par habitant en Zambie était 19,0% supérieur à celui du Zimbabwe (1 256,2 de dollars), 60,6% supérieur à celui de la Tanzanie (931,2 de dollars), 2,7 fois supérieur à celui du Mozambique (544,0 de dollars), 3,3 fois supérieur à celui de la RDC (458,4 de dollars) et 3,8 fois supérieur à celui du Malawi (391,2 de dollars); mais 2,6 fois inférieur à celui de l'Angola (3 838,0 de dollars). La croissance du RNB en Zambie était supérieure à celle du Malawi (4,4%) et de l'Angola (2,7%); mais inférieure à celle de la Tanzanie (6,6%), de la république démocratique du Congo (6,5%), du Zimbabwe (6,2%) et du Mozambique (5,4%).

Comparaison avec les leaders. Le revenu national brut de la Zambie était 781,2 fois inférieur à celui des États-Unis (18,3 billions de dollars), 446,7 fois inférieur à celui de la Chine (10,5 billions de dollars), 230,4 fois inférieur à celui du Japon (5,4 billions de dollars), 160,0 fois inférieur à celui de l'Allemagne (3,7 billions de dollars) et 117,2 fois inférieur à celui de la France (2,7 billions de dollars). Le revenu national brut par habitant en Zambie était 38,3 fois inférieur à celui des États-Unis (57 299,9 de dollars), 30,6 fois inférieur à celui de l'Allemagne (45 801,3 de dollars), 28,2 fois inférieur à celui du Japon (42 204,7 de dollars), 27,7 fois inférieur à celui de la France (41 404,4 de dollars) et 5,0 fois inférieur à celui de la Chine (7 463,8 de dollars). La croissance du RNB en Zambie était supérieure à celle des États-Unis (2,5%), de l'Allemagne (2,0%), du Japon (1,4%) et de la France (1,4%); mais inférieure à celle de la Chine (7,7%).

Partie II. Structure

	Les années 2010
agriculture	6,8%
industrie	26,5%
construction	9,7%
commerce	23,8%
transport	7,8%
services	25,4%

Chapitre IV. Agriculture

Agriculture, chasse, sylviculture et pêche (ISIC A-B)

La valeur de l'agriculture en Zambie est passé de 273,1 millions de dollars par an dans les années 1970 à 1,6 milliards de dollars par an dans les années 2010, c'est-à-dire 1,3 milliards de dollars ou de 5,7 fois. La variation a été de 1,2 milliards de dollars en raison de l'augmentation de 3,8 fois des prix, et de -469,2 millions de dollars en raison de la baisse de productivité de 2,2 fois, et de 603,7 millions de dollars en raison de la croissance démographique. La croissance annuelle moyenne de l'agriculture était de 0,91%. La valeur minimale était de 139,2 millions de dollars en 1970. La valeur maximale était de 2,4 milliards de dollars en 2012.

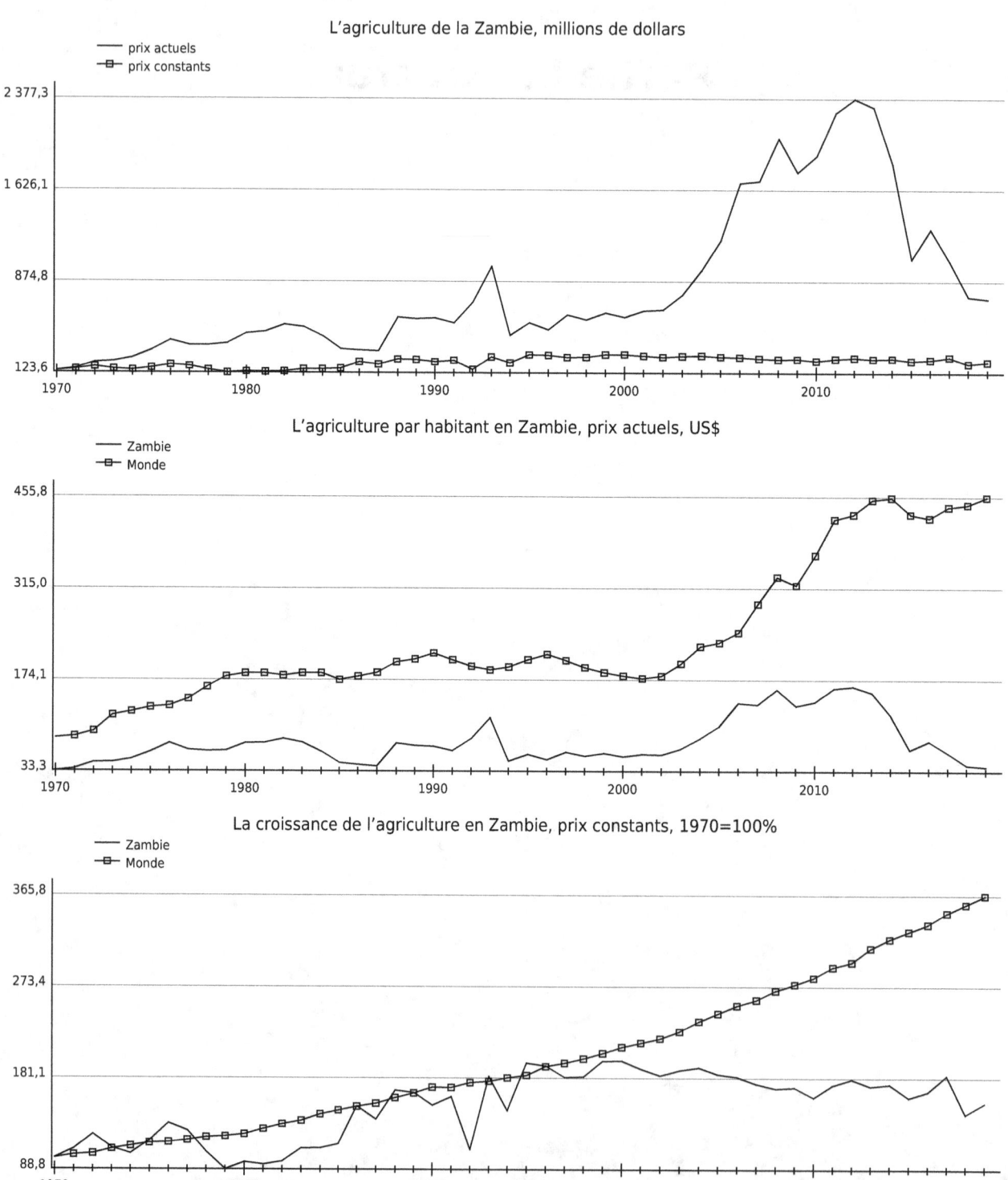

Chapitre IV. Agriculture

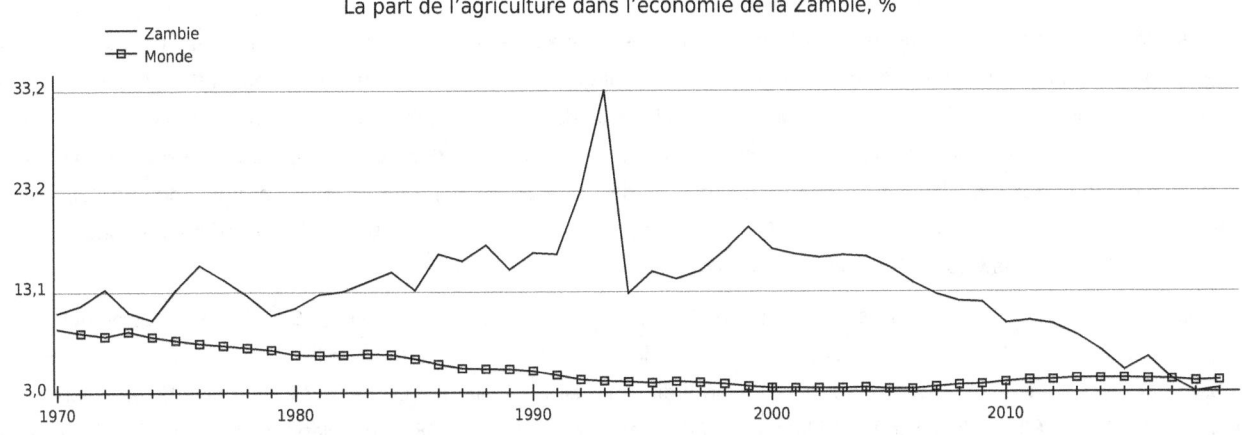

Les années 1970

La valeur ajoutée de l'agriculture en Zambie était de 273,1 millions de dollars par an dans les années 1970, au 101ème rang mondial à égalité avec la Somalie (277,6 millions de dollars), la Libye (277,8 millions de dollars). La part dans le monde était de 0,053% et de 0,59% en Afrique.

La part de l'agriculture dans l'économie de la Zambie était de 12,5% dans les années 1970, se situant au 107ème rang mondial, à égalité avec le Zimbabwe (12,4%).

L'agriculture par habitant en Zambie était de 55.9 dollars dans les années 1970, au 149ème rang mondial, à égalité avec la Birmanie (55,6 de dollars), le Sri Lanka (56,4 de dollars), les Îles Marshall (57,0 de dollars). L'agriculture par habitant en Zambie était 2,3 fois inférieure l'agriculture par habitant au Monde (127,6 US$), et 2,0 fois inférieure l'agriculture par habitant en Afrique (112,2 US$).

La croissance de l'agriculture en Zambie était de -1.3% dans les années 1970, au 170ème rang mondial. La croissance de l'agriculture en Zambie (-1,3%) a été inférieure à celle du monde (2,2%), et inférieure à celle de l'Afrique (1,7%).

Comparaison avec les voisins. La valeur ajoutée de l'agriculture en Zambie était inférieure à celle de la RDC (2,2 milliards de dollars), du Mozambique (1,9 milliards de dollars), de la Tanzanie (825,4 millions de dollars), du Malawi (716,4 millions de dollars), de l'Angola (640,2 millions de dollars) et du Zimbabwe (545,3 millions de dollars). L'agriculture par habitant en Zambie était supérieure à celle de la Tanzanie (52,7 de dollars); mais inférieure à celle du Mozambique (184,0 de dollars), du Malawi (134,0 de dollars), de la RDC (96,0 de dollars), de l'Angola (92,6 de dollars) et du Zimbabwe (87,9 de dollars). La croissance de l'agriculture en Zambie était inférieure à celle du Malawi (5,6%), du Mozambique (3,9%), du Zimbabwe (2,5%), de la Tanzanie (1,9%), de la république démocratique du Congo (1,6%) et de l'Angola (0,32%).

Comparaison avec les leaders. Le secteur de l'agriculture en Zambie était inférieur à celui de l'URSS (88,7 milliards de dollars), de la Chine (49,5 milliards de dollars), des États-Unis (42,6 milliards de dollars), de l'Inde (36,0 milliards de dollars) et du Japon (25,8 milliards de dollars). L'agriculture par habitant en Zambie était supérieure à celle de la Chine (54,2 de dollars); mais inférieure à celle de l'URSS (351,8 de dollars), du Japon (231,3 de dollars), des États-Unis (195,0 de dollars) et de l'Inde (58,3 de dollars). La croissance de l'agriculture en Zambie était inférieure à celle de l'URSS (7,0%), de la Chine (2,4%), du Japon (0,52%), des États-Unis (0,34%) et de l'Inde (0,30%).

Les années 1980

La valeur ajoutée de l'agriculture en Zambie était de 443,2 millions de dollars par an dans les années 1980, se situant au 105ème rang mondial à égalité avec le Bénin (442,6 millions de dollars). La part dans le monde était de 0,049% et de 0,51% en Afrique.

La part de l'agriculture dans l'économie de la Zambie était de 14,4% dans les années 1980, au 87ème rang mondial, à égalité avec Saint-Vincent-et-les-Grenadines (14,3%), la Bulgarie (14,3%).

L'agriculture par habitant en Zambie était de 65 dollars dans les années 1980, se situant au 170ème rang mondial, à égalité avec le Sri Lanka (65,1 de dollars), le Laos (66,5 de dollars). L'agriculture par habitant en Zambie était 2,9 fois inférieure l'agriculture par habitant au Monde (186,6 US$), et 2,5 fois inférieure l'agriculture par habitant en Afrique (159,2 US$).

La croissance de l'agriculture en Zambie était de 6.5% dans les années 1980, au 12ème rang mondial, à égalité avec Saint-Vincent-et-les-Grenadines (6,4%). La croissance de l'agriculture en Zambie (6,5%) a été supérieure à celle du monde (3,1%), et supérieure à celle de l'Afrique (2,8%).

Comparaison avec les voisins. L'agriculture de la Zambie était inférieure à celle de la république démocratique du Congo (3,1 milliards de dollars), du Mozambique (2,4 milliards de dollars), de la Tanzanie (2,2 milliards de dollars), de l'Angola (1,3 milliards de dollars), du Zimbabwe (1,1 milliards de dollars) et du Malawi (995,3 millions de dollars). L'agriculture par habitant en Zambie était inférieure à celle du Mozambique (190,1 de dollars), du Malawi (135,0 de dollars), de l'Angola (129,5 de dollars), du Zimbabwe (129,4 de dollars), de la république démocratique du Congo (104,8 de dollars) et de la Tanzanie (102,6 de dollars). La croissance de l'agriculture en Zambie était supérieure à celle de la Tanzanie (3,8%), du Zimbabwe (2,6%), de la république démocratique du Congo (2,6%), du Mozambique (1,1%), du Malawi (0,72%) et de l'Angola (0,71%).

Comparaison avec les leaders. La valeur de l'agriculture en Zambie était inférieure à celle de l'URSS (125,8 milliards de dollars), de la Chine (94,9 milliards de dollars), de l'Inde (70,4 milliards de dollars), des États-Unis (68,7 milliards de dollars) et du Japon (49,7 milliards de dollars). L'agriculture par habitant en Zambie était inférieure à celle de l'URSS (457,2 de dollars), du Japon (410,0 de dollars), des États-Unis (286,8 de dollars), de l'Inde (90,7 de dollars) et de la Chine (88,5 de dollars). La croissance de l'agriculture en Zambie était supérieure à celle de la Chine (5,3%), de l'Inde (4,4%), des États-Unis (3,7%), de l'URSS (2,8%) et du Japon (0,41%).

Les années 1990

La valeur ajoutée de l'agriculture en Zambie était de 603,9 millions de dollars par an dans les années 1990, se classant au 120ème rang mondial à égalité avec le Panama (609,2 millions de dollars), le Laos (598,1 millions de dollars). La part dans le monde était de 0,053% et de 0,63% en Afrique.

La part de l'agriculture dans l'économie de la Zambie était de 18,2% dans les années 1990, se situant au 74ème rang mondial, à égalité avec la Serbie (18,3%), l'Ukraine (18,3%), la Biélorussie (18,0%).

L'agriculture par habitant en Zambie était de 66.9 dollars dans les années 1990, se classant au 196ème rang mondial, à égalité avec le Yémen (68,4 de dollars). L'agriculture par habitant en Zambie était 3,0 fois inférieure l'agriculture par habitant au Monde (199,8 US$), et 2,0 fois inférieure l'agriculture par habitant en Afrique (134,5 US$).

La croissance de l'agriculture en Zambie était de 1.8% dans les années 1990, au 106ème rang mondial, à égalité avec la Namibie (1,8%), d'Antigua-et-Barbuda (1,8%). La croissance de l'agriculture en Zambie (1,8%) a été inférieure à celle du monde (2,2%), et inférieure à celle de l'Afrique (2,8%).

Comparaison avec les voisins. La valeur de l'agriculture en Zambie était inférieure à celle de la RDC (5,2 milliards de dollars), de la Tanzanie (2,3 milliards de dollars), du Zimbabwe (1,5 milliards de dollars), de l'Angola (1,5 milliards de dollars), du Malawi (1,2 milliards de dollars) et du Mozambique (1,1 milliards de dollars). L'agriculture par habitant en Zambie était inférieure à celle du Zimbabwe (135,9 de dollars), de la RDC (129,1 de dollars), du Malawi (118,3 de dollars), de l'Angola (109,9 de dollars), de la Tanzanie (79,5 de dollars) et du Mozambique (75,8 de dollars). La croissance de l'agriculture en Zambie était supérieure à celle de l'Angola (-3,7%); mais inférieure à celle de la Tanzanie (4,7%), du Malawi (4,5%), du Zimbabwe (3,7%), du Mozambique (3,4%) et de la RDC (2,1%).

Comparaison avec les leaders. Le secteur de l'agriculture en Zambie était inférieur à celui de la Chine (139,0 milliards de dollars), des États-Unis (96,1 milliards de dollars), de l'Inde (91,4 milliards de dollars), du Japon (78,9 milliards de dollars) et du Brésil (36,8 milliards de dollars). L'agriculture par habitant en Zambie était inférieure à celle du Japon (625,5 de dollars), des États-Unis (363,4 de dollars), du Brésil (228,7 de dollars), de la Chine (112,7 de dollars) et de l'Inde (95,6 de dollars). La croissance de l'agriculture en Zambie était supérieure à celle du Japon (-1,8%); mais inférieure à celle de la Chine (4,3%), du Brésil (3,0%), de l'Inde (2,8%) et des États-Unis (2,6%).

Les années 2000

L'agriculture de la Zambie était de 1,2 milliards de dollars par an dans les années 2000, au 104ème rang mondial à égalité avec le Honduras (1,2 milliards de dollars). La part dans le monde était de 0,077% et de 0,73% en Afrique.

La part de l'agriculture dans l'économie de la Zambie était de 13,9% dans les années 2000, se situant au 71ème rang mondial, à égalité avec la Mélanésie (13,9%), le Kosovo (14,0%), le Maroc (14,0%).

L'agriculture par habitant en Zambie était de 102.3 dollars dans les années 2000, se classant au 183ème rang mondial, à égalité avec le Yémen (102,2 de dollars), le Rwanda (103,6 de dollars), d'Haïti (104,2 de dollars). L'agriculture par habitant en Zambie était 2,3 fois

Chapitre IV. Agriculture

inférieure l'agriculture par habitant au Monde (240,3 US$), et 43,8% inférieure l'agriculture par habitant en Afrique (182,0 US$).

La croissance de l'agriculture en Zambie était de -1.4% dans les années 2000, se situant au 177ème rang mondial. La croissance de l'agriculture en Zambie (-1,4%) a été inférieure à celle du monde (3,0%), et inférieure à celle de l'Afrique (5,1%).

Comparaison avec les voisins. Le secteur de l'agriculture en Zambie était inférieur à celui de la Tanzanie (4,7 milliards de dollars), de la république démocratique du Congo (3,1 milliards de dollars), de l'Angola (2,2 milliards de dollars), du Mozambique (2,0 milliards de dollars), du Zimbabwe (1,4 milliards de dollars) et du Malawi (1,3 milliards de dollars). L'agriculture par habitant en Zambie était supérieure à celle du Mozambique (97,4 de dollars) et de la RDC (56,5 de dollars); mais inférieure à celle de la Tanzanie (123,0 de dollars), de l'Angola (114,6 de dollars), du Zimbabwe (112,1 de dollars) et du Malawi (106,1 de dollars). La croissance de l'agriculture en Zambie était supérieure à celle du Zimbabwe (-5,0%); mais inférieure à celle de l'Angola (8,3%), du Mozambique (5,6%), de la Tanzanie (4,5%), du Malawi (1,9%) et de la république démocratique du Congo (-0,12%).

Comparaison avec les leaders. Le secteur de l'agriculture en Zambie était inférieur à celui de la Chine (297,7 milliards de dollars), de l'Inde (147,6 milliards de dollars), des États-Unis (122,5 milliards de dollars), du Japon (57,1 milliards de dollars) et du Nigeria (47,6 milliards de dollars). L'agriculture par habitant en Zambie était inférieure à celle du Japon (445,6 de dollars), des États-Unis (416,9 de dollars), du Nigeria (346,4 de dollars), de la Chine (224,5 de dollars) et de l'Inde (129,7 de dollars). La croissance de l'agriculture en Zambie était inférieure à celle du Nigeria (10,1%), de la Chine (4,0%), des États-Unis (3,6%), de l'Inde (2,0%) et du Japon (-1,3%).

Les années 2010

Le secteur de l'agriculture en Zambie était de 1,6 milliards de dollars par an dans les années 2010, se situant au 113ème rang mondial à égalité avec la Jordanie (1,5 milliards de dollars), le Zimbabwe (1,6 milliards de dollars), la Lituanie (1,5 milliards de dollars). La part dans le monde était de 0,049% et de 0,45% en Afrique.

La part de l'agriculture dans l'économie de la Zambie était de 6,8% dans les années 2010, se situant au 109ème rang mondial.

L'agriculture par habitant en Zambie était de 99.5 dollars dans les années 2010, se classant au 194ème rang mondial, à égalité avec le Qatar (99,7 de dollars), le Burundi (97,1 de dollars). L'agriculture par habitant en Zambie était 4,3 fois inférieure l'agriculture par habitant au Monde (432,1 US$), et 3,0 fois inférieure l'agriculture par habitant en Afrique (294,3 US$).

La croissance de l'agriculture en Zambie était de -1% dans les années 2010, se situant au 178ème rang mondial. La croissance de l'agriculture en Zambie (-0,96%) a été inférieure à celle du monde (2,9%), et inférieure à celle de l'Afrique (3,7%).

Comparaison avec les voisins. La valeur ajoutée de l'agriculture en Zambie était 8,3 fois inférieure à celle de la Tanzanie (12,9 milliards de dollars), 5,7 fois inférieure à celle de l'Angola (8,9 milliards de dollars), 4,5 fois inférieure à celle de la RDC (7,0 milliards de dollars), 2,3 fois inférieure à celle du Mozambique (3,6 milliards de dollars), 16,7% inférieure à celle du Malawi (1,9 milliards de dollars) et 0,75% inférieure à celle du Zimbabwe (1,6 milliards de dollars). L'agriculture par habitant en Zambie était 7,4% supérieure à celle de la république démocratique du Congo (92,6 de dollars); mais 3,3 fois inférieure à celle de l'Angola (323,6 de dollars), 2,5 fois inférieure à celle de la Tanzanie (252,8 de dollars), 26,6% inférieure à celle du Mozambique (135,6 de dollars), 13,4% inférieure à celle du Zimbabwe (114,8 de dollars) et 12,0% inférieure à celle du Malawi (113,0 de dollars). La croissance de l'agriculture en Zambie était inférieure à celle de l'Angola (5,3%), de la Tanzanie (4,5%), de la RDC (3,4%), du Malawi (3,4%), du Zimbabwe (3,4%) et du Mozambique (3,2%).

Comparaison avec les leaders. La valeur de l'agriculture en Zambie était 568,5 fois inférieure à celle de la Chine (886,2 milliards de dollars), 233,1 fois inférieure à celle de l'Inde (363,4 milliards de dollars), 115,7 fois inférieure à celle des États-Unis (180,3 milliards de dollars), 79,6 fois inférieure à celle de l'Indonésie (124,1 milliards de dollars) et 61,4 fois inférieure à celle du Nigeria (95,8 milliards de dollars). L'agriculture par habitant en Zambie était 6,4 fois inférieure à celle de la Chine (631,9 de dollars), 5,7 fois inférieure à celle des États-Unis (564,3 de dollars), 5,4 fois inférieure à celle du Nigeria (534,6 de dollars), 4,9 fois inférieure à celle de l'Indonésie (483,6 de dollars) et 2,8 fois inférieure à celle de l'Inde (279,1 de dollars). La croissance de l'agriculture en Zambie était inférieure à celle de l'Inde (4,1%), de l'Indonésie (3,9%), de la Chine (3,8%), du Nigeria (3,6%) et des États-Unis (2,0%).

Chapitre V. Industrie

Exploitation minière, fabrication, services publics (ISIC C-E)

La valeur ajoutée de l'industrie en Zambie est passé de 852,4 millions de dollars par an dans les années 1970 à 6,0 milliards de dollars par an dans les années 2010, c'est-à-dire 5,2 milliards de dollars ou de 7,1 fois. La variation a été de 3,9 milliards de dollars en raison de l'augmentation de 2,8 fois des prix, et de -582,5 millions de dollars en raison de la baisse de productivité de 1,3 fois, et de 1,9 milliards de dollars en raison de la croissance démographique. La croissance annuelle moyenne de l'industrie était de 2,4%. La valeur minimale était de 514,5 millions de dollars en 1971. La valeur maximale était de 7,2 milliards de dollars en 2017.

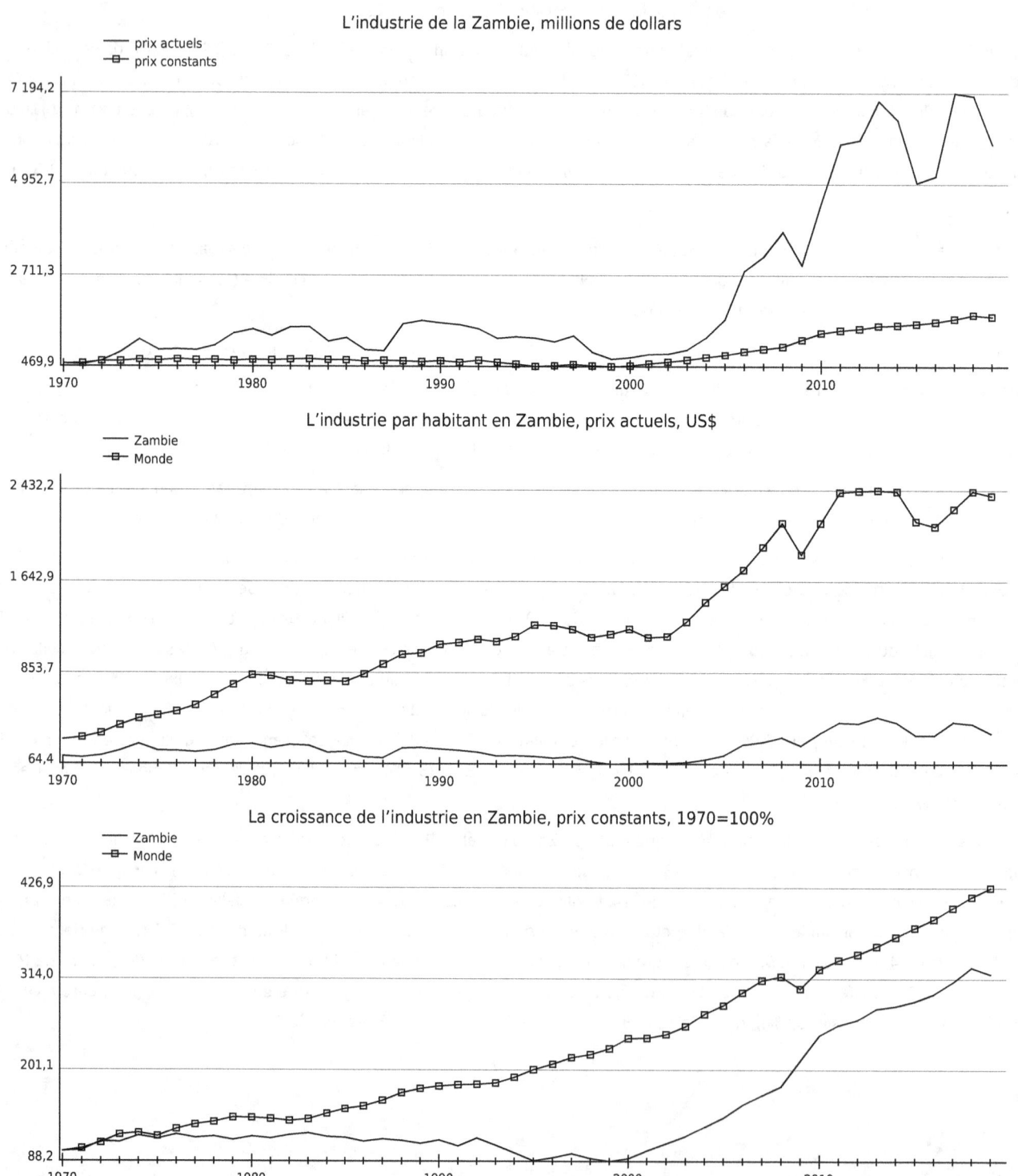

Chapitre V. Industrie

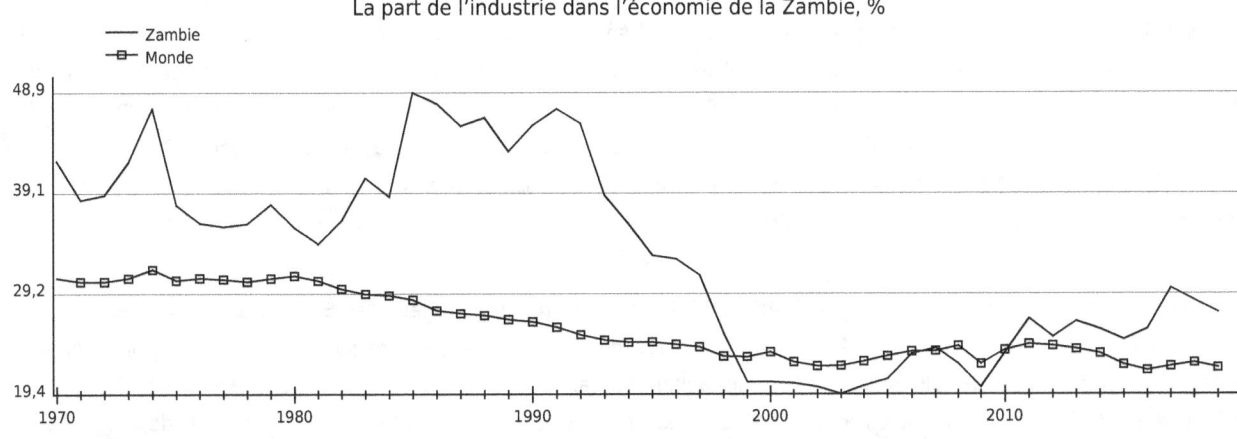

Les années 1970

Le secteur de l'industrie en Zambie était de 852,4 millions de dollars par an dans les années 1970, se classant au 81ème rang mondial à égalité avec le Luxembourg (864,8 millions de dollars). La part dans le monde était de 0,044% et de 1,1% en Afrique.

La part de l'industrie dans l'économie de la Zambie était de 39,0% dans les années 1970, se situant au 19ème rang mondial.

L'industrie par habitant en Zambie était de 174.6 dollars dans les années 1970, au 94ème rang mondial, à égalité avec l'Asie (173,9 de dollars), la Mauritanie (172,5 de dollars). L'industrie par habitant en Zambie était 2,8 fois inférieure l'industrie par habitant au Monde (480,5 US$), et 3,7% inférieure l'industrie par habitant en Afrique (181,2 US$).

La croissance de l'industrie en Zambie était de 1.5% dans les années 1970, se classant au 155ème rang mondial, à égalité avec le Burkina Faso (1,5%). La croissance de l'industrie en Zambie (1,5%) a été inférieure à celle du monde (4,0%), et inférieure à celle de l'Afrique (5,5%).

Comparaison avec les voisins. Le secteur de l'industrie en Zambie était supérieur à celui de la Tanzanie (638,0 millions de dollars) et du Malawi (195,0 millions de dollars); mais inférieur à celui de la république démocratique du Congo (2,2 milliards de dollars), du Mozambique (1,6 milliards de dollars), de l'Angola (1,6 milliards de dollars) et du Zimbabwe (1,3 milliards de dollars). L'industrie par habitant en Zambie était supérieure à celle du Mozambique (157,6 de dollars), de la RDC (98,7 de dollars), de la Tanzanie (40,7 de dollars) et du Malawi (36,5 de dollars); mais inférieure à celle de l'Angola (225,9 de dollars) et du Zimbabwe (202,2 de dollars). La croissance de l'industrie en Zambie était supérieure à celle de l'Angola (0,19%) et de la RDC (-0,96%); mais inférieure à celle du Malawi (6,4%), du Mozambique (3,8%), de la Tanzanie (3,7%) et du Zimbabwe (1,8%).

Comparaison avec les leaders. Le secteur de l'industrie en Zambie était inférieur à celui des États-Unis (450,4 milliards de dollars), de l'URSS (248,8 milliards de dollars), du Japon (185,6 milliards de dollars), de l'Allemagne (158,4 milliards de dollars) et du Royaume-Uni (72,6 milliards de dollars). L'industrie par habitant en Zambie était inférieure à celle des États-Unis (2 063,8 de dollars), de l'Allemagne (2 011,9 de dollars), du Japon (1 666,5 de dollars), du Royaume-Uni (1 295,1 de dollars) et de l'URSS (986,6 de dollars). La croissance de l'industrie en Zambie était inférieure à celle de l'URSS (5,2%), du Japon (4,5%), des États-Unis (2,4%), de l'Allemagne (2,1%) et du Royaume-Uni (1,9%).

Les années 1980

Le secteur de l'industrie en Zambie était de 1,3 milliards de dollars par an dans les années 1980, se classant au 85ème rang mondial à égalité avec le Mozambique (1,3 milliards de dollars), le Costa Rica (1,2 milliards de dollars). La part dans le monde était de 0,030% et de 0,81% en Afrique.

La part de l'industrie dans l'économie de la Zambie était de 40,8% dans les années 1980, se classant au 15ème rang mondial, à égalité avec la Pologne (41,0%), la Yougoslavie (40,6%).

L'industrie par habitant en Zambie était de 184.6 dollars dans les années 1980, au 113ème rang mondial, à égalité avec l'Afrique centrale (183,0 de dollars), l'Indonésie (182,6 de dollars), la Bolivie (181,7 de dollars). L'industrie par habitant en Zambie était 4,7 fois inférieure l'industrie par habitant au Monde (861,8 US$), et 36,0% inférieure l'industrie par habitant en Afrique (288,5 US$).

La croissance de l'industrie en Zambie était de -0.4% dans les années 1980, au 153ème rang mondial. La croissance de l'industrie en Zambie (-0,41%) a été inférieure à celle du monde (2,3%), et supérieure à celle de l'Afrique (-0,99%).

Comparaison avec les voisins. Le secteur de l'industrie en Zambie était supérieur à celui de la Tanzanie (942,2 millions de dollars) et du Malawi (474,9 millions de dollars); mais inférieur à celui de l'Angola (3,0 milliards de dollars), de la république démocratique du Congo (2,7 milliards de dollars), du Zimbabwe (2,5 milliards de dollars) et du Mozambique (1,3 milliards de dollars). L'industrie par habitant en Zambie était supérieure à celle du Mozambique (101,7 de dollars), de la république démocratique du Congo (90,8 de dollars), du Malawi (64,4 de dollars) et de la Tanzanie (44,1 de dollars); mais inférieure à celle de l'Angola (302,5 de dollars) et du Zimbabwe (287,4 de dollars). La croissance de l'industrie en Zambie était supérieure à celle de la Tanzanie (-1,4%) et du Mozambique (-2,4%); mais inférieure à celle du Zimbabwe (3,9%), de l'Angola (3,4%), du Malawi (3,3%) et de la république démocratique du Congo (1,8%).

Comparaison avec les leaders. La valeur de l'industrie en Zambie était inférieure à celle des États-Unis (1,0 billions de dollars), du Japon (566,4 milliards de dollars), de l'URSS (305,7 milliards de dollars), de l'Allemagne (297,5 milliards de dollars) et du Royaume-Uni (171,2 milliards de dollars). L'industrie par habitant en Zambie était inférieure à celle du Japon (4 670,2 de dollars), des États-Unis (4 176,6 de dollars), de l'Allemagne (3 812,7 de dollars), du Royaume-Uni (3 032,7 de dollars) et de l'URSS (1 110,8 de dollars). La croissance de l'industrie en Zambie était inférieure à celle de l'URSS (5,3%), du Japon (4,2%), des États-Unis (1,9%), du Royaume-Uni (1,4%) et de l'Allemagne (1,2%).

Les années 1990

L'industrie de la Zambie était de 1,2 milliards de dollars par an dans les années 1990, au 109ème rang mondial à égalité avec la Jordanie (1,2 milliards de dollars), le Turkménistan (1,2 milliards de dollars). La part dans le monde était de 0,018% et de 0,75% en Afrique.

La part de l'industrie dans l'économie de la Zambie était de 35,5% dans les années 1990, se classant au 23ème rang mondial, à égalité avec la Russie (35,3%), l'Eswatini (35,3%), la Biélorussie (35,7%).

L'industrie par habitant en Zambie était de 130.5 dollars dans les années 1990, se situant au 157ème rang mondial. L'industrie par habitant en Zambie était 9,0 fois inférieure l'industrie par habitant au Monde (1 175,6 US$), et 41,4% inférieure l'industrie par habitant en Afrique (222,8 US$).

La croissance de l'industrie en Zambie était de -2.2% dans les années 1990, au 172ème rang mondial. La croissance de l'industrie en Zambie (-2,2%) a été inférieure à celle du monde (2,5%), et inférieure à celle de l'Afrique (1,3%).

Comparaison avec les voisins. La valeur de l'industrie en Zambie était supérieure à celle du Malawi (625,6 millions de dollars) et du Mozambique (536,8 millions de dollars); mais inférieure à celle de l'Angola (5,9 milliards de dollars), du Zimbabwe (2,5 milliards de dollars), de la république démocratique du Congo (1,9 milliards de dollars) et de la Tanzanie (1,3 milliards de dollars). L'industrie par habitant en Zambie était supérieure à celle du Malawi (62,7 de dollars), de la république démocratique du Congo (47,4 de dollars), de la Tanzanie (43,2 de dollars) et du Mozambique (35,5 de dollars); mais inférieure à celle de l'Angola (430,7 de dollars) et du Zimbabwe (221,4 de dollars). La croissance de l'industrie en Zambie était supérieure à celle de la république démocratique du Congo (-11,2%); mais inférieure à celle du Mozambique (7,4%), de la Tanzanie (6,3%), de l'Angola (2,1%), du Malawi (1,9%) et du Zimbabwe (0,52%).

Comparaison avec les leaders. L'industrie de la Zambie était inférieure à celle des États-Unis (1,5 billions de dollars), du Japon (1,2 billions de dollars), de l'Allemagne (534,0 milliards de dollars), de la Chine (285,9 milliards de dollars) et du Royaume-Uni (268,6 milliards de dollars). L'industrie par habitant en Zambie était inférieure à celle du Japon (9 400,9 de dollars), de l'Allemagne (6 621,6 de dollars), des États-Unis (5 704,4 de dollars), du Royaume-Uni (4 639,8 de dollars) et de la Chine (231,9 de dollars). La croissance de l'industrie en Zambie était inférieure à celle de la Chine (13,1%), des États-Unis (2,8%), du Japon (1,3%), du Royaume-Uni (1,2%) et de l'Allemagne (0,33%).

Les années 2000

Le secteur de l'industrie en Zambie était de 1,9 milliards de dollars par an dans les années 2000, se situant au 115ème rang mondial à égalité avec le Panama (1,9 milliards de dollars), l'Islande (1,9 milliards de dollars). La part dans le monde était de 0,018% et de 0,58% en Afrique.

La part de l'industrie dans l'économie de la Zambie était de 21,7% dans les années 2000, se classant au 97ème rang mondial, à égalité avec le Costa Rica (21,6%).

Chapitre V. Industrie

L'industrie par habitant en Zambie était de 159 dollars dans les années 2000, se situant au 162ème rang mondial, à égalité avec l'Inde (158,0 de dollars), le Tchad (155,8 de dollars). L'industrie par habitant en Zambie était 9,9 fois inférieure l'industrie par habitant au Monde (1 573,8 US$), et 2,2 fois inférieure l'industrie par habitant en Afrique (352,5 US$).

La croissance de l'industrie en Zambie était de 9.2% dans les années 2000, se situant au 15ème rang mondial, à égalité avec Trinité-et-Tobago (9,2%). La croissance de l'industrie en Zambie (9,2%) a été supérieure à celle du monde (2,9%), et supérieure à celle de l'Afrique (3,1%).

Comparaison avec les voisins. L'industrie de la Zambie était supérieure à celle du Zimbabwe (1,7 milliards de dollars), du Mozambique (1,4 milliards de dollars) et du Malawi (558,6 millions de dollars); mais inférieure à celle de l'Angola (19,8 milliards de dollars), de la république démocratique du Congo (3,4 milliards de dollars) et de la Tanzanie (2,6 milliards de dollars). L'industrie par habitant en Zambie était supérieure à celle du Zimbabwe (143,7 de dollars), de la Tanzanie (69,4 de dollars), du Mozambique (67,0 de dollars), de la république démocratique du Congo (63,0 de dollars) et du Malawi (44,6 de dollars); mais inférieure à celle de l'Angola (1 027,0 de dollars). La croissance de l'industrie en Zambie était supérieure à celle de l'Angola (8,7%), de la Tanzanie (7,9%), du Malawi (6,3%), de la république démocratique du Congo (3,1%) et du Zimbabwe (-1,5%); mais inférieure à celle du Mozambique (11,4%).

Comparaison avec les leaders. Le secteur de l'industrie en Zambie était inférieur à celui des États-Unis (2,1 billions de dollars), du Japon (1,1 billions de dollars), de la Chine (1,1 billions de dollars), de l'Allemagne (629,4 milliards de dollars) et du Royaume-Uni (345,1 milliards de dollars). L'industrie par habitant en Zambie était inférieure à celle du Japon (8 848,8 de dollars), de l'Allemagne (7 732,1 de dollars), des États-Unis (7 144,5 de dollars), du Royaume-Uni (5 710,8 de dollars) et de la Chine (795,3 de dollars). La croissance de l'industrie en Zambie était supérieure à celle des États-Unis (1,5%), de l'Allemagne (0,19%), du Japon (0,15%) et du Royaume-Uni (-1,1%); mais inférieure à celle de la Chine (11,1%).

Les années 2010

Le secteur de l'industrie en Zambie était de 6,0 milliards de dollars par an dans les années 2010, se classant au 103ème rang mondial. La part dans le monde était de 0,035% et de 1,1% en Afrique.

La part de l'industrie dans l'économie de la Zambie était de 26,5% dans les années 2010, se classant au 55ème rang mondial, à égalité avec la Guinée (26,5%), la Serbie (26,4%), l'Est (26,3%).

L'industrie par habitant en Zambie était de 385.3 dollars dans les années 2010, au 155ème rang mondial, à égalité avec l'Afrique de l'Ouest (381,4 de dollars), l'Asie du Sud (389,6 de dollars), le Nicaragua (380,0 de dollars). L'industrie par habitant en Zambie était 6,0 fois inférieure l'industrie par habitant au Monde (2 320,9 US$), et 21,2% inférieure l'industrie par habitant en Afrique (489,1 US$).

La croissance de l'industrie en Zambie était de 4.2% dans les années 2010, se situant au 63ème rang mondial, à égalité avec le Groenland (4,2%), la Lituanie (4,2%). La croissance de l'industrie en Zambie (4,2%) a été supérieure à celle du monde (3,5%), et supérieure à celle de l'Afrique (0,035%).

Comparaison avec les voisins. La valeur ajoutée de l'industrie en Zambie était 57,6% supérieure à celle du Zimbabwe (3,8 milliards de dollars), 2,3 fois supérieure à celle du Mozambique (2,6 milliards de dollars) et 7,9 fois supérieure à celle du Malawi (762,9 millions de dollars); mais 6,9 fois inférieure à celle de l'Angola (41,7 milliards de dollars), 2,4 fois inférieure à celle de la RDC (14,4 milliards de dollars) et 10,8% inférieure à celle de la Tanzanie (6,8 milliards de dollars). L'industrie par habitant en Zambie était 37,6% supérieure à celle du Zimbabwe (280,0 de dollars), 2,0 fois supérieure à celle de la RDC (190,9 de dollars), 2,9 fois supérieure à celle de la Tanzanie (132,9 de dollars), 4,0 fois supérieure à celle du Mozambique (97,1 de dollars) et 8,4 fois supérieure à celle du Malawi (46,1 de dollars); mais 3,9 fois inférieure à celle de l'Angola (1 518,4 de dollars). La croissance de l'industrie en Zambie était supérieure à celle du Malawi (3,8%) et de l'Angola (0,33%); mais inférieure à celle de la république démocratique du Congo (10,9%), de la Tanzanie (7,1%), du Zimbabwe (6,4%) et du Mozambique (6,3%).

Comparaison avec les leaders. Le secteur de l'industrie en Zambie était 610,0 fois inférieur à celui de la Chine (3,7 billions de dollars), 454,0 fois inférieur à celui des États-Unis (2,7 billions de dollars), 197,1 fois inférieur à celui du Japon (1,2 billions de dollars), 139,1 fois inférieur à celui de l'Allemagne (840,0 milliards de dollars) et 73,4 fois inférieur à celui de l'Inde (443,4 milliards de dollars). L'industrie par habitant en Zambie était 13,1% supérieure à celle de l'Inde (340,6 de dollars); mais 26,6 fois inférieure à celle de l'Allemagne (10 261,3 de dollars), 24,2 fois inférieure à celle du Japon (9 305,3 de dollars), 22,3 fois inférieure à celle des États-Unis (8 581,2 de dollars) et 6,8 fois inférieure à celle de la Chine (2 626,2 de dollars). La croissance de l'industrie en Zambie était supérieure à celle de l'Allemagne (3,2%), du Japon (2,6%) et des États-Unis (2,2%); mais inférieure à celle de la Chine (7,5%) et de l'Inde (6,5%).

Chapitre 5.1. Fabrication

(ISIC D)

Le secteur de la fabrication en Zambie est passé de 418,3 millions de dollars par an dans les années 1970 à 1,8 milliards de dollars par an dans les années 2010, c'est-à-dire 1,4 milliards de dollars ou de 4,3 fois. La variation a été de 440,9 millions de dollars en raison de l'augmentation de 1,3 fois des prix, et de 478 707,9 de dollars en raison de la croissance de productivité de 1,0 fois, et de 924,7 millions de dollars en raison de la croissance démographique. La croissance annuelle moyenne de la fabrication était de 3,2%. La valeur minimale était de 189,9 millions de dollars en 1970. La valeur maximale était de 2,1 milliards de dollars en 2017.

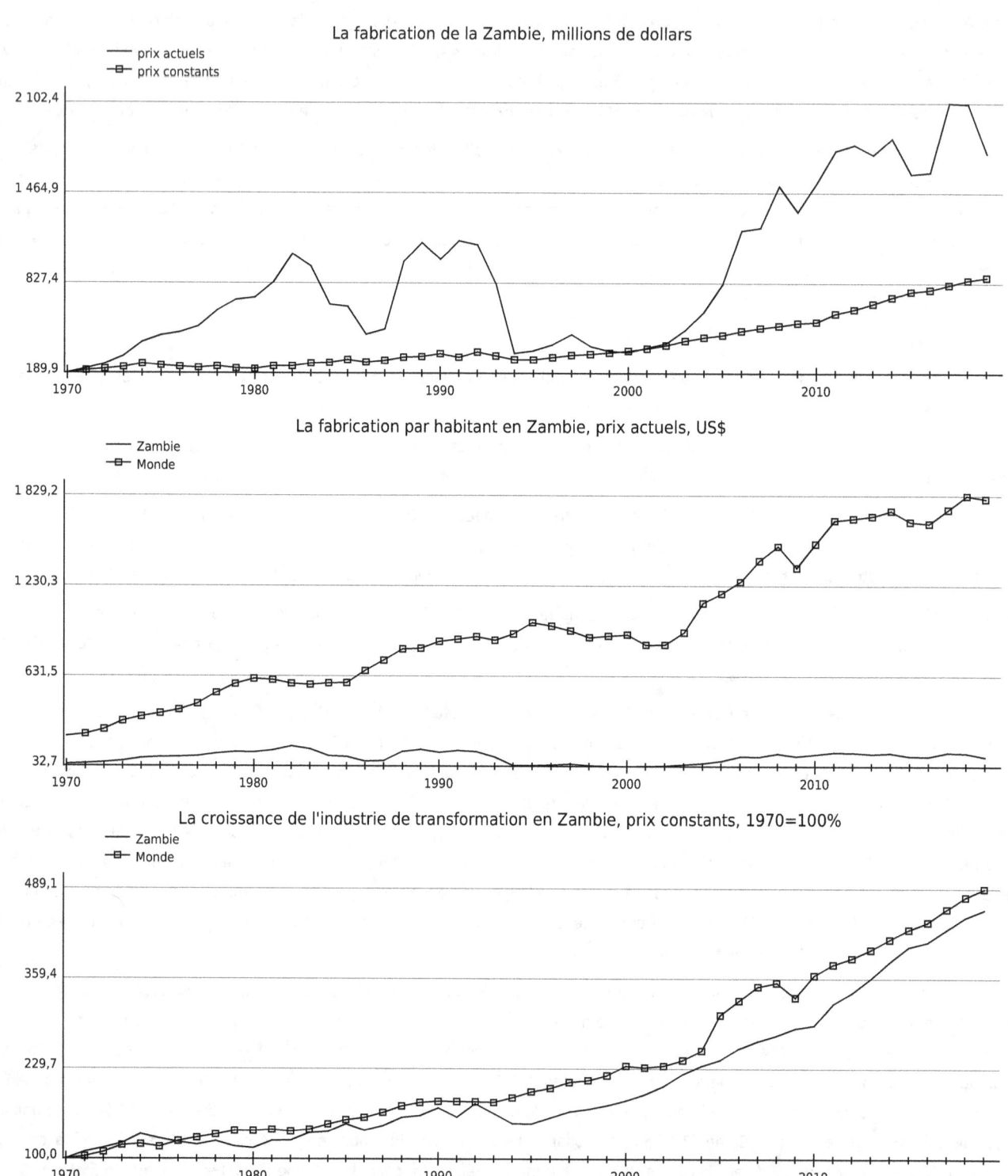

Chapitre 5.1. Fabrication

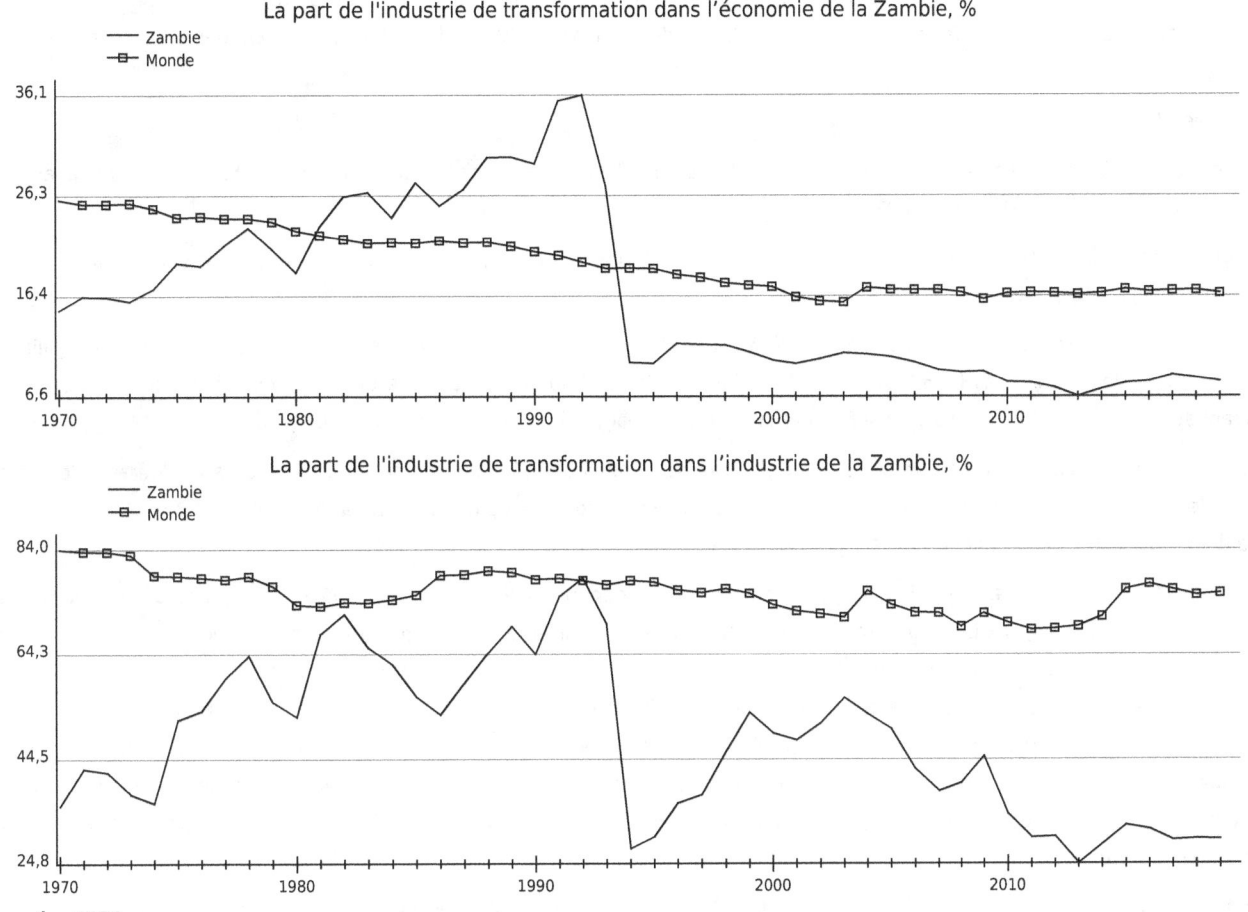

Les années 1970

La valeur de la fabrication en Zambie était de 418,3 millions de dollars par an dans les années 1970, se situant au 80ème rang mondial à égalité avec le Sénégal (418,1 millions de dollars), l'Angola (410,3 millions de dollars). La part dans le monde était de 0,027% et de 1,0% en Afrique.

La part de la fabrication dans l'économie de la Zambie était de 19,1% dans les années 1970, se classant au 60ème rang mondial, à égalité avec la République centrafricaine (19,2%), les Caraïbes (19,0%), la Malaisie (19,0%).

La fabrication par habitant en Zambie était de 85.7 dollars dans les années 1970, au 100ème rang mondial, à égalité avec la Mélanésie (85,8 de dollars), le Sénégal (86,1 de dollars). La fabrication par habitant en Zambie était 4,5 fois inférieure la fabrication par habitant au Monde (383,2 US$), et 13,7% inférieure la fabrication par habitant en Afrique (99,3 US$).

La croissance de l'industrie de transformation en Zambie était de 1.8% dans les années 1970, se situant au 153ème rang mondial, à égalité avec le Royaume-Uni (1,8%). La croissance de la fabrication en Zambie (1,8%) a été inférieure à celle du monde (3,8%), et inférieure à celle de l'Afrique (4,9%).

Comparaison avec les voisins. La valeur de l'industrie de transformation en Zambie était supérieure à celle de l'Angola (410,3 millions de dollars) et du Malawi (175,6 millions de dollars); mais inférieure à celle du Mozambique (1,5 milliards de dollars), de la république démocratique du Congo (921,8 millions de dollars), du Zimbabwe (868,4 millions de dollars) et de la Tanzanie (564,6 millions de dollars). La fabrication par habitant en Zambie était supérieure à celle de l'Angola (59,4 de dollars), de la république démocratique du Congo (40,6 de dollars), de la Tanzanie (36,0 de dollars) et du Malawi (32,9 de dollars); mais inférieure à celle du Mozambique (149,7 de dollars) et du Zimbabwe (140,1 de dollars). La croissance de l'industrie de transformation en Zambie était supérieure à celle de l'Angola (0,089%) et de la république démocratique du Congo (-1,4%); mais inférieure à celle du Malawi (6,2%), de la Tanzanie (4,5%), du Mozambique (3,8%) et du Zimbabwe (3,5%).

Comparaison avec les leaders. La fabrication de la Zambie était inférieure à celle des États-Unis (378,0 milliards de dollars), de l'URSS (248,8 milliards de dollars), du Japon (169,3 milliards de dollars), de l'Allemagne (138,0 milliards de dollars) et de la France (64,5 milliards de dollars). La fabrication par habitant en Zambie était inférieure à celle de l'Allemagne (1 752,1 de dollars), des États-Unis

(1 731,8 de dollars), du Japon (1 520,6 de dollars), de la France (1 203,0 de dollars) et de l'URSS (986,6 de dollars). La croissance de la fabrication en Zambie était inférieure à celle de l'URSS (5,2%), du Japon (4,5%), de la France (3,5%), des États-Unis (2,7%) et de l'Allemagne (2,1%).

Les années 1980

La valeur de la fabrication en Zambie était de 793,1 millions de dollars par an dans les années 1980, au 82ème rang mondial. La part dans le monde était de 0,025% et de 0,93% en Afrique.

La part de l'industrie de transformation dans l'économie de la Zambie était de 25,7% dans les années 1980, se classant au 20ème rang mondial, à égalité avec le Venezuela (25,9%).

La fabrication par habitant en Zambie était de 116.3 dollars dans les années 1980, au 114ème rang mondial, à égalité avec Saint-Vincent-et-les-Grenadines (116,1 de dollars). La fabrication par habitant en Zambie était 5,7 fois inférieure la fabrication par habitant au Monde (661,2 US$), et 26,2% inférieure la fabrication par habitant en Afrique (157,6 US$).

La croissance de la fabrication en Zambie était de 3.3% dans les années 1980, au 86ème rang mondial, à égalité avec les Caraïbes (3,2%), le Soudan (3,3%), le Liechtenstein (3,3%). La croissance de l'industrie de transformation en Zambie (3,3%) a été supérieure à celle du monde (2,6%), et supérieure à celle de l'Afrique (2,0%).

Comparaison avec les voisins. La fabrication de la Zambie était supérieure à celle de l'Angola (725,3 millions de dollars) et du Malawi (434,2 millions de dollars); mais inférieure à celle du Zimbabwe (1,9 milliards de dollars), de la république démocratique du Congo (1,3 milliards de dollars), du Mozambique (1,2 milliards de dollars) et de la Tanzanie (832,6 millions de dollars). La fabrication par habitant en Zambie était supérieure à celle du Mozambique (96,6 de dollars), de l'Angola (73,8 de dollars), du Malawi (58,9 de dollars), de la république démocratique du Congo (44,7 de dollars) et de la Tanzanie (39,0 de dollars); mais inférieure à celle du Zimbabwe (215,6 de dollars). La croissance de l'industrie de transformation en Zambie était supérieure à celle du Malawi (3,1%), de la république démocratique du Congo (2,0%), de la Tanzanie (-1,6%), du Mozambique (-2,3%) et de l'Angola (-2,4%); mais inférieure à celle du Zimbabwe (4,2%).

Comparaison avec les leaders. La valeur de l'industrie de transformation en Zambie était inférieure à celle des États-Unis (789,4 milliards de dollars), du Japon (501,0 milliards de dollars), de l'URSS (305,7 milliards de dollars), de l'Allemagne (258,7 milliards de dollars) et de l'Italie (134,1 milliards de dollars). La fabrication par habitant en Zambie était inférieure à celle du Japon (4 131,0 de dollars), de l'Allemagne (3 316,0 de dollars), des États-Unis (3 296,4 de dollars), de l'Italie (2 359,9 de dollars) et de l'URSS (1 110,8 de dollars). La croissance de la fabrication en Zambie était supérieure à celle de l'Italie (2,5%), des États-Unis (1,9%) et de l'Allemagne (1,2%); mais inférieure à celle de l'URSS (5,3%) et du Japon (4,4%).

Les années 1990

La fabrication de la Zambie était de 630,3 millions de dollars par an dans les années 1990, se situant au 107ème rang mondial à égalité avec Malte (629,5 millions de dollars), l'Azerbaïdjan (626,8 millions de dollars). La part dans le monde était de 0,012% et de 0,71% en Afrique.

La part de l'industrie de transformation dans l'économie de la Zambie était de 19,0% dans les années 1990, se classant au 59ème rang mondial, à égalité avec le Monde (18,9%), d'Israël (19,0%), l'Égypte (18,8%).

La fabrication par habitant en Zambie était de 69.8 dollars dans les années 1990, se classant au 153ème rang mondial, à égalité avec l'Asie du Sud (70,8 de dollars). La fabrication par habitant en Zambie était 13,0 fois inférieure la fabrication par habitant au Monde (908,4 US$), et 44,0% inférieure la fabrication par habitant en Afrique (124,8 US$).

La croissance de l'industrie de transformation en Zambie était de 0.9% dans les années 1990, se situant au 135ème rang mondial, à égalité avec la Micronésie (0,89%). La croissance de la fabrication en Zambie (0,89%) a été inférieure à celle du monde (2,0%), et supérieure à celle de l'Afrique (0,55%).

Comparaison avec les voisins. La valeur de la fabrication en Zambie était supérieure à celle de l'Angola (568,7 millions de dollars), du Malawi (549,8 millions de dollars) et du Mozambique (505,1 millions de dollars); mais inférieure à celle du Zimbabwe (1,9 milliards de dollars), de la Tanzanie (948,2 millions de dollars) et de la RDC (774,3 millions de dollars). La fabrication par habitant en Zambie était supérieure à celle du Malawi (55,1 de dollars), de l'Angola (41,3 de dollars), du Mozambique (33,4 de dollars), de la Tanzanie (32,6 de dollars) et de la république démocratique du Congo (19,1 de dollars); mais inférieure à celle du Zimbabwe (170,5 de dollars). La

Chapitre 5.1. Fabrication

croissance de l'industrie de transformation en Zambie était supérieure à celle du Zimbabwe (0,81%), de l'Angola (-3,0%) et de la RDC (-10,4%); mais inférieure à celle du Mozambique (5,4%), de la Tanzanie (4,0%) et du Malawi (1,5%).

Comparaison avec les leaders. La fabrication de la Zambie était inférieure à celle des États-Unis (1,2 billions de dollars), du Japon (1,0 billions de dollars), de l'Allemagne (468,8 milliards de dollars), de l'Italie (227,8 milliards de dollars) et de la France (215,0 milliards de dollars). La fabrication par habitant en Zambie était inférieure à celle du Japon (8 305,2 de dollars), de l'Allemagne (5 813,5 de dollars), des États-Unis (4 707,3 de dollars), de l'Italie (3 994,1 de dollars) et de la France (3 621,1 de dollars). La croissance de l'industrie de transformation en Zambie était supérieure à celle de l'Allemagne (0,26%); mais inférieure à celle des États-Unis (3,2%), de la France (2,4%), de l'Italie (1,2%) et du Japon (1,1%).

Les années 2000

La valeur ajoutée de la fabrication en Zambie était de 832,3 millions de dollars par an dans les années 2000, au 126ème rang mondial à égalité avec le Burkina Faso (835,8 millions de dollars), le Bénin (837,1 millions de dollars), le Zimbabwe (846,8 millions de dollars). La part dans le monde était de 0,011% et de 0,63% en Afrique.

La part de l'industrie de transformation dans l'économie de la Zambie était de 9,7% dans les années 2000, se situant au 132ème rang mondial, à égalité avec d'Oman (9,7%), le Nigeria (9,6%), la Grèce (9,7%).

La fabrication par habitant en Zambie était de 70.9 dollars dans les années 2000, se classant au 171ème rang mondial, à égalité avec le Kirghizistan (71,8 de dollars), le Zimbabwe (69,9 de dollars), le Mali (71,9 de dollars). La fabrication par habitant en Zambie était 16,1 fois inférieure la fabrication par habitant au Monde (1 138,1 US$), et 2,0 fois inférieure la fabrication par habitant en Afrique (144,8 US$).

La croissance de la fabrication en Zambie était de 5% dans les années 2000, se classant au 58ème rang mondial, à égalité avec le Pérou (5,0%). La croissance de la fabrication en Zambie (5,0%) a été supérieure à celle du monde (4,2%), et supérieure à celle de l'Afrique (3,5%).

Comparaison avec les voisins. La valeur de l'industrie de transformation en Zambie était supérieure à celle du Malawi (485,3 millions de dollars); mais inférieure à celle de la république démocratique du Congo (2,1 milliards de dollars), de l'Angola (1,8 milliards de dollars), de la Tanzanie (1,7 milliards de dollars), du Mozambique (1,1 milliards de dollars) et du Zimbabwe (846,8 millions de dollars). La fabrication par habitant en Zambie était supérieure à celle du Zimbabwe (69,9 de dollars), du Mozambique (53,6 de dollars), de la Tanzanie (45,3 de dollars), de la RDC (39,2 de dollars) et du Malawi (38,7 de dollars); mais inférieure à celle de l'Angola (92,5 de dollars). La croissance de la fabrication en Zambie était supérieure à celle de la république démocratique du Congo (-2,9%) et du Zimbabwe (-3,7%); mais inférieure à celle de l'Angola (10,7%), du Mozambique (9,7%), de la Tanzanie (7,9%) et du Malawi (6,6%).

Comparaison avec les leaders. Le secteur de l'industrie de transformation en Zambie était inférieur à celui des États-Unis (1,6 billions de dollars), de la Chine (1,1 billions de dollars), du Japon (992,9 milliards de dollars), de l'Allemagne (551,4 milliards de dollars) et de l'Italie (277,2 milliards de dollars). La fabrication par habitant en Zambie était inférieure à celle du Japon (7 746,3 de dollars), de l'Allemagne (6 773,6 de dollars), des États-Unis (5 600,5 de dollars), de l'Italie (4 780,8 de dollars) et de la Chine (815,3 de dollars). La croissance de la fabrication en Zambie était supérieure à celle des États-Unis (1,6%), du Japon (0,32%), de l'Allemagne (0,097%) et de l'Italie (-1,3%).

Les années 2010

Le secteur de l'industrie de transformation en Zambie était de 1,8 milliards de dollars par an dans les années 2010, se situant au 115ème rang mondial. La part dans le monde était de 0,014% et de 0,74% en Afrique.

La part de la fabrication dans l'économie de la Zambie était de 7,8% dans les années 2010, se situant au 145ème rang mondial.

La fabrication par habitant en Zambie était de 113.9 dollars dans les années 2010, se classant au 174ème rang mondial, à égalité avec Sao Tomé-et-Principe (113,9 de dollars), le Bénin (112,7 de dollars), la Mauritanie (115,9 de dollars). La fabrication par habitant en Zambie était 14,9 fois inférieure la fabrication par habitant au Monde (1 697,4 US$), et 44,8% inférieure la fabrication par habitant en Afrique (206,2 US$).

La croissance de l'industrie de transformation en Zambie était de 4.8% dans les années 2010, se classant au 54ème rang mondial, à égalité avec les Palaos (4,8%), le Cap-Vert (4,8%). La croissance de la fabrication en Zambie (4,8%) a été supérieure à celle du monde (3,9%), et supérieure à celle de l'Afrique (3,6%).

Comparaison avec les voisins. La valeur ajoutée de la fabrication en Zambie était 39,1% supérieure à celle du Mozambique (1,3 milliards de dollars) et 2,9 fois supérieure à celle du Malawi (619,5 millions de dollars); mais 3,6 fois inférieure à celle de l'Angola (6,4 milliards de dollars), 3,5 fois inférieure à celle de la république démocratique du Congo (6,2 milliards de dollars), 2,3 fois inférieure à celle de la Tanzanie (4,1 milliards de dollars) et 18,4% inférieure à celle du Zimbabwe (2,2 milliards de dollars). La fabrication par habitant en Zambie était 38,3% supérieure à celle de la république démocratique du Congo (82,4 de dollars), 41,9% supérieure à celle de la Tanzanie (80,2 de dollars), 2,4 fois supérieure à celle du Mozambique (47,9 de dollars) et 3,0 fois supérieure à celle du Malawi (37,4 de dollars); mais 2,0 fois inférieure à celle de l'Angola (232,0 de dollars) et 28,7% inférieure à celle du Zimbabwe (159,8 de dollars). La croissance de la fabrication en Zambie était supérieure à celle de l'Angola (4,5%), du Malawi (3,9%) et du Mozambique (3,0%); mais inférieure à celle de la Tanzanie (7,4%), du Zimbabwe (6,8%) et de la RDC (5,3%).

Comparaison avec les leaders. La valeur ajoutée de l'industrie de transformation en Zambie était 1 745,8 fois inférieure à celle de la Chine (3,1 billions de dollars), 1 160,4 fois inférieure à celle des États-Unis (2,1 billions de dollars), 594,0 fois inférieure à celle du Japon (1,1 billions de dollars), 412,0 fois inférieure à celle de l'Allemagne (735,2 milliards de dollars) et 218,9 fois inférieure à celle de la Corée du Sud (390,5 milliards de dollars). La fabrication par habitant en Zambie était 78,9 fois inférieure à celle de l'Allemagne (8 981,7 de dollars), 72,8 fois inférieure à celle du Japon (8 286,2 de dollars), 67,8 fois inférieure à celle de la Corée du Sud (7 723,3 de dollars), 56,9 fois inférieure à celle des États-Unis (6 481,0 de dollars) et 19,5 fois inférieure à celle de la Chine (2 221,3 de dollars). La croissance de la fabrication en Zambie était supérieure à celle de la Corée du Sud (3,8%), de l'Allemagne (3,5%), du Japon (3,0%) et des États-Unis (1,9%); mais inférieure à celle de la Chine (7,5%).

Chapitre VI. Construction

(ISIC F)

Le secteur de la construction en Zambie est passé de 71,4 millions de dollars par an dans les années 1970 à 2,2 milliards de dollars par an dans les années 2010, c'est-à-dire 2,1 milliards de dollars ou de 31,0 fois. La variation a été de 2,1 milliards de dollars en raison de l'augmentation de 18,6 fois des prix, et de -110,3 millions de dollars en raison de la baisse de productivité de 1,9 fois, et de 157,7 millions de dollars en raison de la croissance démographique. La croissance annuelle moyenne de la construction était de 1,3%. La valeur minimale était de 30,3 millions de dollars en 1986. La valeur maximale était de 2,5 milliards de dollars en 2018.

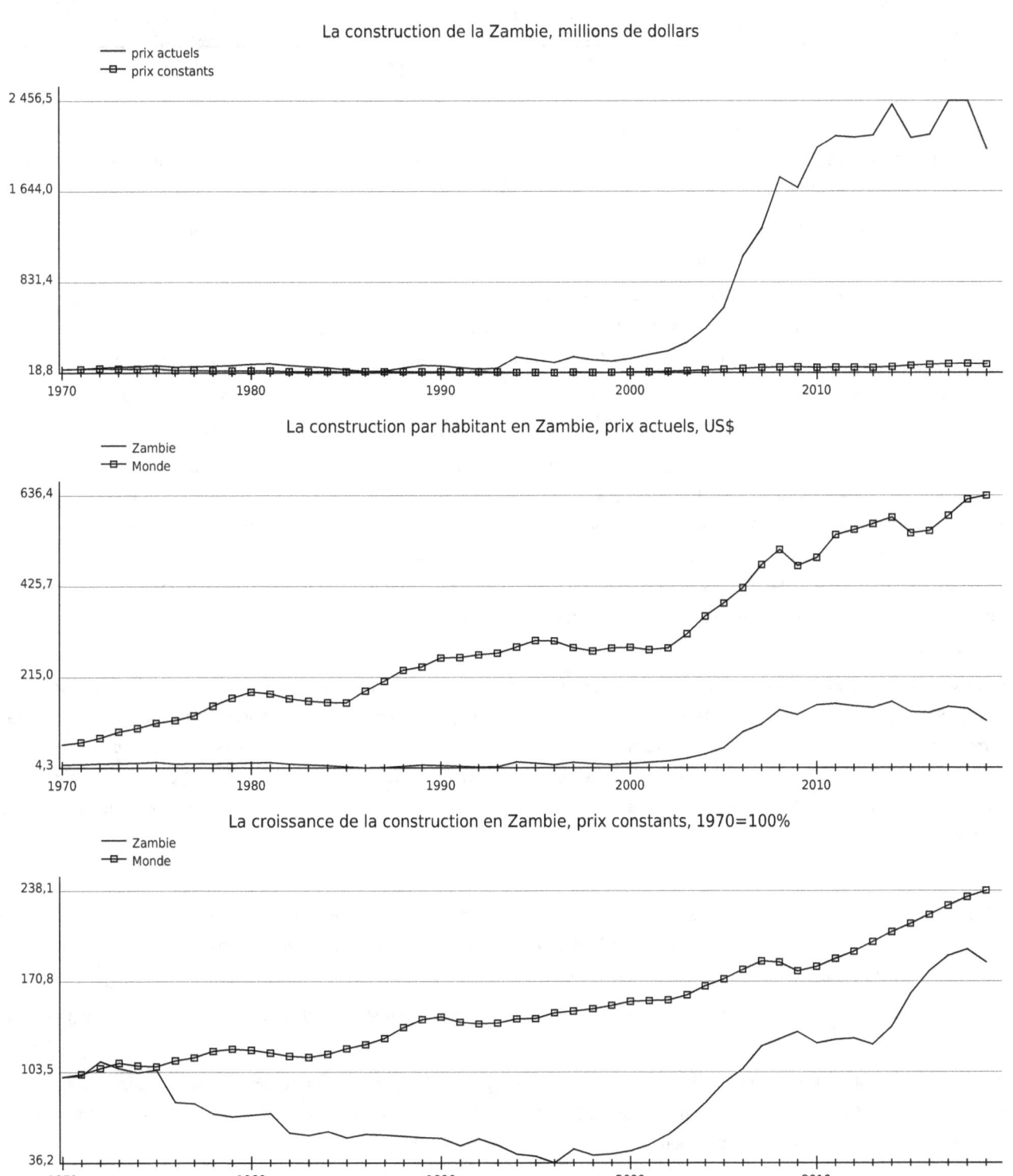

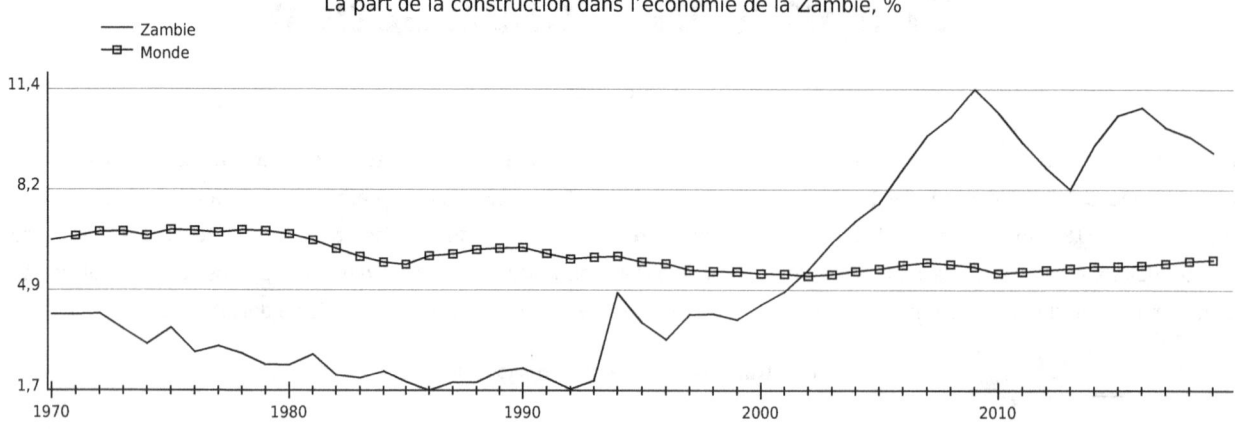

La part de la construction dans l'économie de la Zambie, %

Les années 1970

La valeur ajoutée de la construction en Zambie était de 71,4 millions de dollars par an dans les années 1970, se situant au 105ème rang mondial à égalité avec le Yémen (72,5 millions de dollars), le Burkina Faso (69,9 millions de dollars). La part dans le monde était de 0,017% et de 0,44% en Afrique.

La part de la construction dans l'économie de la Zambie était de 3,3% dans les années 1970, se situant au 162ème rang mondial, à égalité avec les Seychelles (3,3%), le Kenya (3,3%), Sierra Leone (3,3%).

La construction par habitant en Zambie était de 14.6 dollars dans les années 1970, se classant au 142ème rang mondial, à égalité avec les Tonga (14,6 de dollars), le Guatemala (14,3 de dollars). La construction par habitant en Zambie était 7,3 fois inférieure la construction par habitant au Monde (106,1 US$), et 2,7 fois inférieure la construction par habitant en Afrique (39,9 US$).

La croissance de la construction en Zambie était de -3.8% dans les années 1970, au 177ème rang mondial. La croissance de la construction en Zambie (-3,8%) a été inférieure à celle du monde (2,1%), et inférieure à celle de l'Afrique (4,5%).

Comparaison avec les voisins. La construction de la Zambie était inférieure à celle de la RDC (405,2 millions de dollars), de l'Angola (209,1 millions de dollars), du Zimbabwe (166,8 millions de dollars), du Mozambique (166,3 millions de dollars), de la Tanzanie (155,9 millions de dollars) et du Malawi (113,3 millions de dollars). La construction par habitant en Zambie était supérieure à celle de la Tanzanie (9,9 de dollars); mais inférieure à celle de l'Angola (30,3 de dollars), du Zimbabwe (26,9 de dollars), du Malawi (21,2 de dollars), de la RDC (17,9 de dollars) et du Mozambique (16,5 de dollars). La croissance de la construction en Zambie était inférieure à celle du Malawi (7,1%), du Mozambique (3,8%), de la Tanzanie (1,0%), de l'Angola (0,15%), de la république démocratique du Congo (-1,3%) et du Zimbabwe (-2,6%).

Comparaison avec les leaders. La valeur de la construction en Zambie était inférieure à celle des États-Unis (81,1 milliards de dollars), de l'URSS (52,5 milliards de dollars), du Japon (43,5 milliards de dollars), de l'Allemagne (33,8 milliards de dollars) et de la France (22,4 milliards de dollars). La construction par habitant en Zambie était inférieure à celle de l'Allemagne (428,6 de dollars), de la France (417,3 de dollars), du Japon (390,8 de dollars), des États-Unis (371,5 de dollars) et de l'URSS (208,1 de dollars). La croissance de la construction en Zambie était inférieure à celle de l'URSS (6,5%), du Japon (3,4%), de la France (2,0%), de l'Allemagne (0,66%) et des États-Unis (0,31%).

Les années 1980

La valeur de la construction en Zambie était de 67,9 millions de dollars par an dans les années 1980, se situant au 128ème rang mondial à égalité avec Maurice (67,6 millions de dollars), le Mali (68,3 millions de dollars), le Liechtenstein (68,4 millions de dollars). La part dans le monde était de 0,0075% et de 0,24% en Afrique.

La part de la construction dans l'économie de la Zambie était de 2,2% dans les années 1980, se classant au 175ème rang mondial, à égalité avec le Mozambique (2,2%).

La construction par habitant en Zambie était de 10 dollars dans les années 1980, se situant au 168ème rang mondial, à égalité avec Madagascar (10,1 de dollars). La construction par habitant en Zambie était 18,7 fois inférieure la construction par habitant au Monde (186,2 US$), et 5,4 fois inférieure la construction par habitant en Afrique (53,3 US$).

La croissance de la construction en Zambie était de -2.5% dans les années 1980, se situant au 153ème rang mondial. La croissance de

Chapitre VI. Construction

la construction en Zambie (-2,5%) a été inférieure à celle du monde (1,7%), et inférieure à celle de l'Afrique (0,41%).

Comparaison avec les voisins. Le secteur de la construction en Zambie était inférieur à celui de la république démocratique du Congo (464,3 millions de dollars), de l'Angola (381,0 millions de dollars), du Zimbabwe (272,5 millions de dollars), de la Tanzanie (236,6 millions de dollars), du Malawi (136,8 millions de dollars) et du Mozambique (132,5 millions de dollars). La construction par habitant en Zambie était inférieure à celle de l'Angola (38,8 de dollars), du Zimbabwe (31,2 de dollars), du Malawi (18,6 de dollars), de la république démocratique du Congo (15,7 de dollars), de la Tanzanie (11,1 de dollars) et du Mozambique (10,6 de dollars). La croissance de la construction en Zambie était inférieure à celle de l'Angola (1,2%), du Zimbabwe (0,98%), de la RDC (0,82%), de la Tanzanie (0,79%), du Malawi (-0,53%) et du Mozambique (-2,3%).

Comparaison avec les leaders. La valeur de la construction en Zambie était inférieure à celle des États-Unis (180,6 milliards de dollars), du Japon (138,7 milliards de dollars), de l'URSS (72,1 milliards de dollars), de l'Allemagne (57,8 milliards de dollars) et de la France (42,5 milliards de dollars). La construction par habitant en Zambie était inférieure à celle du Japon (1 143,9 de dollars), des États-Unis (754,4 de dollars), de la France (751,9 de dollars), de l'Allemagne (740,2 de dollars) et de l'URSS (262,0 de dollars). La croissance de la construction en Zambie était inférieure à celle de l'URSS (6,2%), du Japon (2,1%), des États-Unis (1,1%), de la France (0,67%) et de l'Allemagne (-0,52%).

Les années 1990

La valeur ajoutée de la construction en Zambie était de 108,6 millions de dollars par an dans les années 1990, se situant au 148ème rang mondial à égalité avec la Barbade (109,8 millions de dollars), le Cambodge (106,5 millions de dollars). La part dans le monde était de 0,0068% et de 0,44% en Afrique.

La part de la construction dans l'économie de la Zambie était de 3,3% dans les années 1990, se classant au 176ème rang mondial, à égalité avec les Salomon (3,2%), Madagascar (3,2%).

La construction par habitant en Zambie était de 12 dollars dans les années 1990, au 189ème rang mondial. La construction par habitant en Zambie était 23,2 fois inférieure la construction par habitant au Monde (278,6 US$), et 2,9 fois inférieure la construction par habitant en Afrique (34,6 US$).

La croissance de la construction en Zambie était de -2.5% dans les années 1990, se classant au 167ème rang mondial. La croissance de la construction en Zambie (-2,5%) a été inférieure à celle du monde (0,71%), et inférieure à celle de l'Afrique (2,8%).

Comparaison avec les voisins. La construction de la Zambie était supérieure à celle du Mozambique (100,7 millions de dollars); mais inférieure à celle de l'Angola (464,5 millions de dollars), de la Tanzanie (423,8 millions de dollars), de la RDC (391,9 millions de dollars), du Zimbabwe (249,7 millions de dollars) et du Malawi (111,8 millions de dollars). La construction par habitant en Zambie était supérieure à celle du Malawi (11,2 de dollars), de la RDC (9,7 de dollars) et du Mozambique (6,7 de dollars); mais inférieure à celle de l'Angola (33,7 de dollars), du Zimbabwe (22,2 de dollars) et de la Tanzanie (14,6 de dollars). La croissance de la construction en Zambie était supérieure à celle de la RDC (-15,1%); mais inférieure à celle de la Tanzanie (12,8%), du Mozambique (11,0%), du Malawi (3,3%), de l'Angola (3,0%) et du Zimbabwe (0,19%).

Comparaison avec les leaders. Le secteur de la construction en Zambie était inférieur à celui du Japon (343,2 milliards de dollars), des États-Unis (299,1 milliards de dollars), de l'Allemagne (125,2 milliards de dollars), du Royaume-Uni (69,8 milliards de dollars) et de la France (68,8 milliards de dollars). La construction par habitant en Zambie était inférieure à celle du Japon (2 721,7 de dollars), de l'Allemagne (1 552,3 de dollars), du Royaume-Uni (1 205,1 de dollars), de la France (1 158,8 de dollars) et des États-Unis (1 131,2 de dollars). La croissance de la construction en Zambie était inférieure à celle des États-Unis (1,8%), de l'Allemagne (-0,047%), du Royaume-Uni (-0,34%), de la France (-0,65%) et du Japon (-1,0%).

Les années 2000

La valeur ajoutée de la construction en Zambie était de 768,6 millions de dollars par an dans les années 2000, se situant au 104ème rang mondial à égalité avec la Jamaïque (758,9 millions de dollars). La part dans le monde était de 0,031% et de 1,6% en Afrique.

La part de la construction dans l'économie de la Zambie était de 8,9% dans les années 2000, au 28ème rang mondial, à égalité avec l'Islande (8,9%), le Venezuela (9,0%), Saint-Vincent-et-les-Grenadines (9,0%).

La construction par habitant en Zambie était de 65.4 dollars dans les années 2000, se classant au 152ème rang mondial, à égalité avec la Papouasie-Nouvelle-Guinée (64,3 de dollars). La construction par habitant en Zambie était 5,8 fois inférieure la construction par habitant au Monde (381,3 US$), et 21,7% supérieure la construction par habitant en Afrique (53,8 US$).

La croissance de la construction en Zambie était de 12.1% dans les années 2000, se situant au 27ème rang mondial, à égalité avec le Vanuatu (12,2%). La croissance de la construction en Zambie (12,1%) a été supérieure à celle du monde (1,5%), et supérieure à celle de l'Afrique (8,4%).

Comparaison avec les voisins. Le secteur de la construction en Zambie était supérieur à celui de la RDC (475,6 millions de dollars), du Mozambique (146,2 millions de dollars), du Malawi (104,3 millions de dollars) et du Zimbabwe (91,3 millions de dollars); mais inférieur à celui de l'Angola (2,7 milliards de dollars) et de la Tanzanie (1,6 milliards de dollars). La construction par habitant en Zambie était supérieure à celle de la Tanzanie (41,4 de dollars), de la RDC (8,8 de dollars), du Malawi (8,3 de dollars), du Zimbabwe (7,5 de dollars) et du Mozambique (7,2 de dollars); mais inférieure à celle de l'Angola (141,8 de dollars). La croissance de la construction en Zambie était supérieure à celle de l'Angola (11,2%), du Mozambique (10,2%), de la Tanzanie (9,4%), du Malawi (6,3%) et du Zimbabwe (1,1%); mais inférieure à celle de la RDC (19,4%).

Comparaison avec les leaders. La valeur de la construction en Zambie était inférieure à celle des États-Unis (583,0 milliards de dollars), du Japon (270,5 milliards de dollars), de la Chine (150,1 milliards de dollars), du Royaume-Uni (132,1 milliards de dollars) et de l'Espagne (111,8 milliards de dollars). La construction par habitant en Zambie était inférieure à celle de l'Espagne (2 560,2 de dollars), du Royaume-Uni (2 186,4 de dollars), du Japon (2 110,1 de dollars), des États-Unis (1 983,7 de dollars) et de la Chine (113,1 de dollars). La croissance de la construction en Zambie était supérieure à celle de la Chine (11,9%), de l'Espagne (1,7%), du Royaume-Uni (0,17%), des États-Unis (-2,6%) et du Japon (-3,9%).

Les années 2010

La construction de la Zambie était de 2,2 milliards de dollars par an dans les années 2010, au 89ème rang mondial à égalité avec le Liban (2,2 milliards de dollars), le Paraguay (2,2 milliards de dollars). La part dans le monde était de 0,053% et de 1,7% en Afrique.

La part de la construction dans l'économie de la Zambie était de 9,7% dans les années 2010, se situant au 27ème rang mondial.

La construction par habitant en Zambie était de 141 dollars dans les années 2010, se classant au 149ème rang mondial, à égalité avec les Kiribati (138,7 de dollars), l'Égypte (143,5 de dollars), le Belize (144,2 de dollars). La construction par habitant en Zambie était 4,1 fois inférieure la construction par habitant au Monde (572,1 US$), et 28,8% supérieure la construction par habitant en Afrique (109,4 US$).

La croissance de la construction en Zambie était de 3.3% dans les années 2010, se classant au 98ème rang mondial. La croissance de la construction en Zambie (3,3%) a été supérieure à celle du monde (2,9%), et inférieure à celle de l'Afrique (5,8%).

Comparaison avec les voisins. La valeur ajoutée de la construction en Zambie était 5,4 fois supérieure à celle du Zimbabwe (408,0 millions de dollars), 5,9 fois supérieure à celle de la république démocratique du Congo (376,2 millions de dollars), 8,7 fois supérieure à celle du Mozambique (253,6 millions de dollars) et 11,8 fois supérieure à celle du Malawi (187,7 millions de dollars); mais 6,0 fois inférieure à celle de l'Angola (13,2 milliards de dollars) et 2,5 fois inférieure à celle de la Tanzanie (5,6 milliards de dollars). La construction par habitant en Zambie était 29,2% supérieure à celle de la Tanzanie (109,1 de dollars), 4,7 fois supérieure à celle du Zimbabwe (29,8 de dollars), 12,4 fois supérieure à celle du Malawi (11,3 de dollars), 14,9 fois supérieure à celle du Mozambique (9,5 de dollars) et 28,2 fois supérieure à celle de la république démocratique du Congo (5,0 de dollars); mais 3,4 fois inférieure à celle de l'Angola (479,9 de dollars). La croissance de la construction en Zambie était supérieure à celle du Malawi (2,9%); mais inférieure à celle de la Tanzanie (12,6%), de la RDC (8,9%), du Zimbabwe (7,5%), de l'Angola (5,9%) et du Mozambique (3,8%).

Comparaison avec les leaders. La valeur de la construction en Zambie était 330,9 fois inférieure à celle de la Chine (731,1 milliards de dollars), 308,2 fois inférieure à celle des États-Unis (680,8 milliards de dollars), 126,1 fois inférieure à celle du Japon (278,7 milliards de dollars), 76,1 fois inférieure à celle de l'Inde (168,1 milliards de dollars) et 69,4 fois inférieure à celle de l'Allemagne (153,2 milliards de dollars). La construction par habitant en Zambie était 9,2% supérieure à celle de l'Inde (129,1 de dollars); mais 15,5 fois inférieure à celle du Japon (2 178,3 de dollars), 15,1 fois inférieure à celle des États-Unis (2 130,9 de dollars), 13,3 fois inférieure à celle de l'Allemagne (1 871,9 de dollars) et 3,7 fois inférieure à celle de la Chine (521,3 de dollars). La croissance de la construction en Zambie était supérieure à celle de l'Allemagne (1,8%), du Japon (1,7%) et des États-Unis (1,4%); mais inférieure à celle de la Chine (8,2%) et de l'Inde (5,2%).

Chapitre VII. Transport

Transport et stockage (ISIC I)

La valeur ajoutée du transport en Zambie est passé de 159,1 millions de dollars par an dans les années 1970 à 1,8 milliards de dollars par an dans les années 2010, c'est-à-dire 1,6 milliards de dollars ou de 11,1 fois. La variation a été de -172,6 millions de dollars en raison de la baisse de 1,1 fois du prix, et de 1,4 milliards de dollars en raison de la croissance de productivité de 3,8 fois, et de 351,7 millions de dollars en raison de la croissance démographique. La croissance annuelle moyenne du transport était de 6,1%. La valeur minimale était de 95,2 millions de dollars en 1970. La valeur maximale était de 2,4 milliards de dollars en 2018.

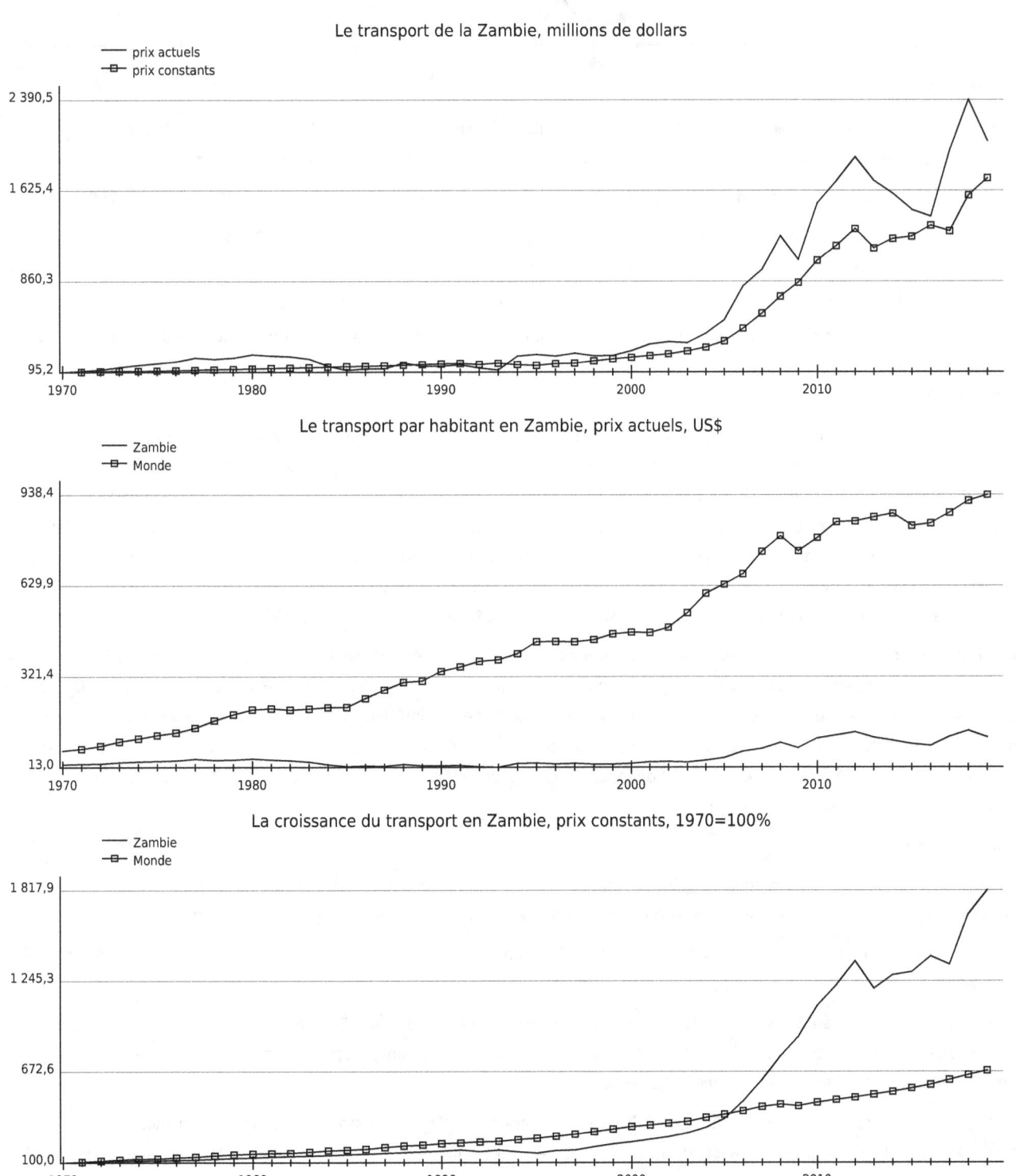

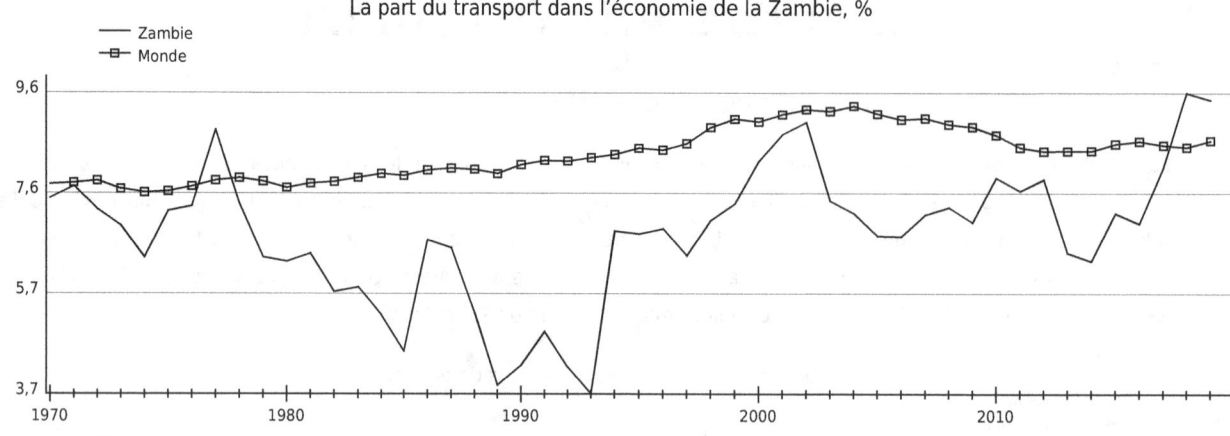

Les années 1970

Le secteur du transport en Zambie était de 159,1 millions de dollars par an dans les années 1970, se classant au 90ème rang mondial à égalité avec le Guatemala (155,4 millions de dollars). La part dans le monde était de 0,032% et de 0,69% en Afrique.

La part du transport dans l'économie de la Zambie était de 7,3% dans les années 1970, se classant au 87ème rang mondial.

Le transport par habitant en Zambie était de 32.6 dollars dans les années 1970, se classant au 125ème rang mondial, à égalité avec l'Afrique du Nord (31,8 de dollars). Le transport par habitant en Zambie était 3,8 fois inférieur le transport par habitant au Monde (122,3 US$), et 41,7% inférieur le transport par habitant en Afrique (55,9 US$).

La croissance du transport en Zambie était de 2.6% dans les années 1970, se situant au 152ème rang mondial, à égalité avec l'Est (2,6%), le Togo (2,7%). La croissance du transport en Zambie (2,6%) a été inférieure à celle du monde (4,6%), et inférieure à celle de l'Afrique (6,8%).

Comparaison avec les voisins. La valeur ajoutée du transport en Zambie était supérieure à celle du Malawi (32,0 millions de dollars); mais inférieure à celle de la RDC (899,5 millions de dollars), du Mozambique (480,1 millions de dollars), de la Tanzanie (351,1 millions de dollars), du Zimbabwe (300,6 millions de dollars) et de l'Angola (197,8 millions de dollars). Le transport par habitant en Zambie était supérieur à celui de l'Angola (28,6 de dollars), de la Tanzanie (22,4 de dollars) et du Malawi (6,0 de dollars); mais inférieur à celui du Zimbabwe (48,5 de dollars), du Mozambique (47,5 de dollars) et de la république démocratique du Congo (39,6 de dollars). La croissance du transport en Zambie était supérieure à celle de l'Angola (0,064%), de la RDC (-0,33%) et du Zimbabwe (-1,2%); mais inférieure à celle du Malawi (7,3%), du Mozambique (3,8%) et de la Tanzanie (3,6%).

Comparaison avec les leaders. La valeur ajoutée du transport en Zambie était inférieure à celle des États-Unis (168,6 milliards de dollars), du Japon (46,4 milliards de dollars), de l'Allemagne (29,6 milliards de dollars), de l'URSS (28,8 milliards de dollars) et de la France (24,0 milliards de dollars). Le transport par habitant en Zambie était inférieur à celui des États-Unis (772,4 de dollars), de la France (447,4 de dollars), du Japon (416,6 de dollars), de l'Allemagne (376,1 de dollars) et de l'URSS (114,0 de dollars). La croissance du transport en Zambie était supérieure à celle du Japon (1,7%); mais inférieure à celle de l'URSS (8,1%), des États-Unis (4,2%), de la France (4,1%) et de l'Allemagne (3,0%).

Les années 1980

La valeur du transport en Zambie était de 173,2 millions de dollars par an dans les années 1980, au 104ème rang mondial à égalité avec la Polynésie française (176,4 millions de dollars). La part dans le monde était de 0,015% et de 0,35% en Afrique.

La part du transport dans l'économie de la Zambie était de 5,6% dans les années 1980, se situant au 128ème rang mondial, à égalité avec le Népal (5,6%).

Le transport par habitant en Zambie était de 25.4 dollars dans les années 1980, au 154ème rang mondial, à égalité avec la Guinée (25,1 de dollars). Le transport par habitant en Zambie était 9,5 fois inférieur le transport par habitant au Monde (242,0 US$), et 3,6 fois inférieur le transport par habitant en Afrique (90,3 US$).

La croissance du transport en Zambie était de 2.9% dans les années 1980, se classant au 120ème rang mondial, à égalité avec l'Ouganda (2,8%). La croissance du transport en Zambie (2,9%) a été inférieure à celle du monde (3,4%), et supérieure à celle de l'Afrique (-0,23%).

Chapitre VII. Transport

Comparaison avec les voisins. La valeur du transport en Zambie était supérieure à celle du Malawi (43,7 millions de dollars); mais inférieure à celle de la RDC (1,6 milliards de dollars), de la Tanzanie (703,0 millions de dollars), du Mozambique (681,7 millions de dollars), du Zimbabwe (538,4 millions de dollars) et de l'Angola (351,0 millions de dollars). Le transport par habitant en Zambie était supérieur à celui du Malawi (5,9 de dollars); mais inférieur à celui du Zimbabwe (61,6 de dollars), du Mozambique (54,6 de dollars), de la république démocratique du Congo (53,0 de dollars), de l'Angola (35,7 de dollars) et de la Tanzanie (32,9 de dollars). La croissance du transport en Zambie était supérieure à celle de l'Angola (2,3%), de la république démocratique du Congo (1,8%), de la Tanzanie (1,3%), du Malawi (0,36%) et du Mozambique (-1,1%); mais inférieure à celle du Zimbabwe (4,1%).

Comparaison avec les leaders. Le secteur du transport en Zambie était inférieur à celui des États-Unis (394,9 milliards de dollars), du Japon (147,7 milliards de dollars), de l'Allemagne (56,6 milliards de dollars), de la France (56,2 milliards de dollars) et du Royaume-Uni (53,0 milliards de dollars). Le transport par habitant en Zambie était inférieur à celui des États-Unis (1 649,2 de dollars), du Japon (1 217,8 de dollars), de la France (993,7 de dollars), du Royaume-Uni (938,7 de dollars) et de l'Allemagne (725,5 de dollars). La croissance du transport en Zambie était supérieure à celle de l'Allemagne (1,8%); mais inférieure à celle de la France (5,4%), du Japon (4,7%), des États-Unis (3,6%) et du Royaume-Uni (3,0%).

Les années 1990

Le secteur du transport en Zambie était de 197,1 millions de dollars par an dans les années 1990, se situant au 132ème rang mondial. La part dans le monde était de 0,0084% et de 0,44% en Afrique.

La part du transport dans l'économie de la Zambie était de 5,9% dans les années 1990, se situant au 159ème rang mondial, à égalité avec le Bénin (5,9%), le Sénégal (6,0%), le Cambodge (6,0%).

Le transport par habitant en Zambie était de 21.8 dollars dans les années 1990, au 181ème rang mondial, à égalité avec l'Inde (22,1 de dollars), le Bénin (21,5 de dollars), l'Angola (21,5 de dollars). Le transport par habitant en Zambie était 18,8 fois inférieur le transport par habitant au Monde (409,5 US$), et 2,9 fois inférieur le transport par habitant en Afrique (63,1 US$).

La croissance du transport en Zambie était de 2.7% dans les années 1990, se situant au 140ème rang mondial. La croissance du transport en Zambie (2,7%) a été inférieure à celle du monde (4,0%), et inférieure à celle de l'Afrique (3,3%).

Comparaison avec les voisins. Le transport de la Zambie était supérieur à celui du Malawi (110,3 millions de dollars); mais inférieur à celui de la république démocratique du Congo (1,4 milliards de dollars), de la Tanzanie (1,0 milliards de dollars), du Zimbabwe (561,6 millions de dollars), du Mozambique (511,7 millions de dollars) et de l'Angola (295,8 millions de dollars). Le transport par habitant en Zambie était supérieur à celui de l'Angola (21,5 de dollars) et du Malawi (11,1 de dollars); mais inférieur à celui du Zimbabwe (49,9 de dollars), de la Tanzanie (35,6 de dollars), de la république démocratique du Congo (35,3 de dollars) et du Mozambique (33,8 de dollars). La croissance du transport en Zambie était supérieure à celle du Malawi (2,1%), de l'Angola (-1,6%) et de la RDC (-1,9%); mais inférieure à celle du Mozambique (8,8%), du Zimbabwe (4,8%) et de la Tanzanie (4,0%).

Comparaison avec les leaders. Le secteur du transport en Zambie était inférieur à celui des États-Unis (702,6 milliards de dollars), du Japon (373,9 milliards de dollars), de l'Allemagne (144,3 milliards de dollars), de la France (118,7 milliards de dollars) et du Royaume-Uni (117,6 milliards de dollars). Le transport par habitant en Zambie était inférieur à celui du Japon (2 965,8 de dollars), des États-Unis (2 656,9 de dollars), du Royaume-Uni (2 031,3 de dollars), de la France (1 999,2 de dollars) et de l'Allemagne (1 789,0 de dollars). La croissance du transport en Zambie était inférieure à celle des États-Unis (5,0%), de la France (4,8%), du Royaume-Uni (4,7%), de l'Allemagne (3,9%) et du Japon (3,0%).

Les années 2000

La valeur du transport en Zambie était de 632,3 millions de dollars par an dans les années 2000, se classant au 118ème rang mondial. La part dans le monde était de 0,016% et de 0,70% en Afrique.

La part du transport dans l'économie de la Zambie était de 7,3% dans les années 2000, au 149ème rang mondial, à égalité avec l'Inde (7,3%), la Nouvelle-Calédonie (7,3%), le Costa Rica (7,4%).

Le transport par habitant en Zambie était de 53.8 dollars dans les années 2000, se situant au 171ème rang mondial. Le transport par habitant en Zambie était 11,5 fois inférieur le transport par habitant au Monde (621,1 US$), et 45,8% inférieur le transport par habitant en Afrique (99,3 US$).

La croissance du transport en Zambie était de 15.2% dans les années 2000, au 9ème rang mondial, à égalité avec d'Oman (15,1%), l'Azerbaïdjan (15,1%). La croissance du transport en Zambie (15,2%) a été supérieure à celle du monde (3,9%), et supérieure à celle de l'Afrique (7,8%).

Comparaison avec les voisins. La valeur du transport en Zambie était supérieure à celle du Zimbabwe (584,9 millions de dollars) et du Malawi (199,0 millions de dollars); mais inférieure à celle de la Tanzanie (1,9 milliards de dollars), de la république démocratique du Congo (1,7 milliards de dollars), de l'Angola (1,4 milliards de dollars) et du Mozambique (1,0 milliards de dollars). Le transport par habitant en Zambie était supérieur à celui de la Tanzanie (49,9 de dollars), du Mozambique (49,8 de dollars), du Zimbabwe (48,3 de dollars), de la république démocratique du Congo (31,5 de dollars) et du Malawi (15,9 de dollars); mais inférieur à celui de l'Angola (74,3 de dollars). La croissance du transport en Zambie était supérieure à celle de l'Angola (8,3%), de la Tanzanie (7,6%), du Mozambique (7,3%), du Malawi (6,3%), de la RDC (6,2%) et du Zimbabwe (2,2%).

Comparaison avec les leaders. La valeur ajoutée du transport en Zambie était inférieure à celle des États-Unis (1,2 billions de dollars), du Japon (468,5 milliards de dollars), de l'Allemagne (228,2 milliards de dollars), du Royaume-Uni (215,9 milliards de dollars) et de la France (185,6 milliards de dollars). Le transport par habitant en Zambie était inférieur à celui des États-Unis (4 029,0 de dollars), du Japon (3 655,1 de dollars), du Royaume-Uni (3 572,9 de dollars), de la France (2 955,1 de dollars) et de l'Allemagne (2 803,7 de dollars). La croissance du transport en Zambie était supérieure à celle de l'Allemagne (3,4%), du Royaume-Uni (3,1%), des États-Unis (3,1%), de la France (2,7%) et du Japon (1,5%).

Les années 2010

Le transport de la Zambie était de 1,8 milliards de dollars par an dans les années 2010, au 107ème rang mondial à égalité avec l'Islande (1,8 milliards de dollars). La part dans le monde était de 0,028% et de 0,87% en Afrique.

La part du transport dans l'économie de la Zambie était de 7,8% dans les années 2010, se classant au 138ème rang mondial, à égalité avec la Thaïlande (7,8%), l'Océanie (7,8%), l'Australie (7,8%).

Le transport par habitant en Zambie était de 113 dollars dans les années 2010, au 170ème rang mondial, à égalité avec le Bénin (112,3 de dollars), le Tadjikistan (114,8 de dollars), le Cameroun (110,2 de dollars). Le transport par habitant en Zambie était 7,7 fois inférieur le transport par habitant au Monde (864,8 US$), et 35,0% inférieur le transport par habitant en Afrique (173,7 US$).

La croissance du transport en Zambie était de 7.4% dans les années 2010, se situant au 33ème rang mondial, à égalité avec le Mali (7,3%). La croissance du transport en Zambie (7,4%) a été supérieure à celle du monde (4,0%), et supérieure à celle de l'Afrique (3,8%).

Comparaison avec les voisins. La valeur ajoutée du transport en Zambie était 19,5% supérieure à celle du Mozambique (1,5 milliards de dollars) et 4,0 fois supérieure à celle du Malawi (447,2 millions de dollars); mais 2,9 fois inférieure à celle de l'Angola (5,1 milliards de dollars), 2,3 fois inférieure à celle de la Tanzanie (4,2 milliards de dollars), 46,9% inférieure à celle de la RDC (3,3 milliards de dollars) et 12,0% inférieure à celle du Zimbabwe (2,0 milliards de dollars). Le transport par habitant en Zambie était 38,4% supérieur à celui de la Tanzanie (81,6 de dollars), 2,0 fois supérieur à celui du Mozambique (55,3 de dollars), 2,6 fois supérieur à celui de la république démocratique du Congo (44,3 de dollars) et 4,2 fois supérieur à celui du Malawi (27,0 de dollars); mais 39,5% inférieur à celui de l'Angola (186,8 de dollars) et 23,2% inférieur à celui du Zimbabwe (147,1 de dollars). La croissance du transport en Zambie était supérieure à celle de l'Angola (7,1%), du Malawi (6,5%), du Mozambique (5,4%), de la république démocratique du Congo (3,5%) et du Zimbabwe (2,5%); mais inférieure à celle de la Tanzanie (8,5%).

Comparaison avec les leaders. La valeur du transport en Zambie était 1 010,2 fois inférieure à celle des États-Unis (1,8 billions de dollars), 299,3 fois inférieure à celle du Japon (529,8 milliards de dollars), 262,2 fois inférieure à celle de la Chine (464,2 milliards de dollars), 169,5 fois inférieure à celle de l'Allemagne (300,0 milliards de dollars) et 145,6 fois inférieure à celle du Royaume-Uni (257,7 milliards de dollars). Le transport par habitant en Zambie était 49,6 fois inférieur à celui des États-Unis (5 597,8 de dollars), 36,7 fois inférieur à celui du Japon (4 141,7 de dollars), 34,8 fois inférieur à celui du Royaume-Uni (3 929,2 de dollars), 32,4 fois inférieur à celui de l'Allemagne (3 665,2 de dollars) et 2,9 fois inférieur à celui de la Chine (331,0 de dollars). La croissance du transport en Zambie était supérieure à celle des États-Unis (5,1%), du Royaume-Uni (2,8%), de l'Allemagne (2,7%) et du Japon (0,81%); mais inférieure à celle de la Chine (7,5%).

Chapitre VIII. Commerce

Commerce de gros et de détail; restaurants et hôtels (ISIC G-H)

La valeur du commerce en Zambie est passé de 322,5 millions de dollars par an dans les années 1970 à 5,4 milliards de dollars par an dans les années 2010, c'est-à-dire 5,1 milliards de dollars ou de 16,8 fois. La variation a été de 2,4 milliards de dollars en raison de l'augmentation de 1,8 fois des prix, et de 2,0 milliards de dollars en raison de la croissance de productivité de 2,9 fois, et de 712,9 millions de dollars en raison de la croissance démographique. La croissance annuelle moyenne du commerce était de 5,5%. La valeur minimale était de 167,6 millions de dollars en 1970. La valeur maximale était de 6,6 milliards de dollars en 2013.

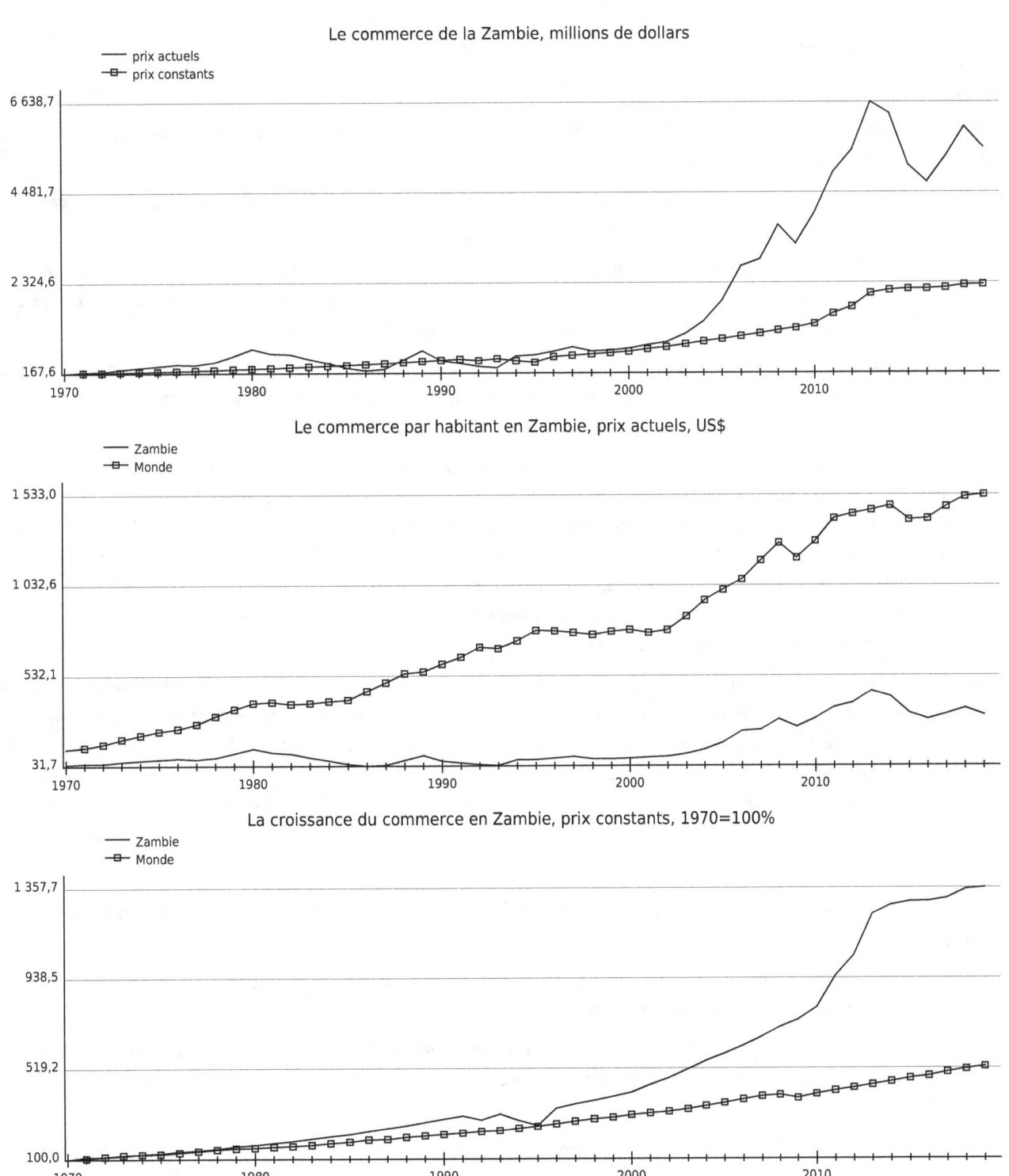

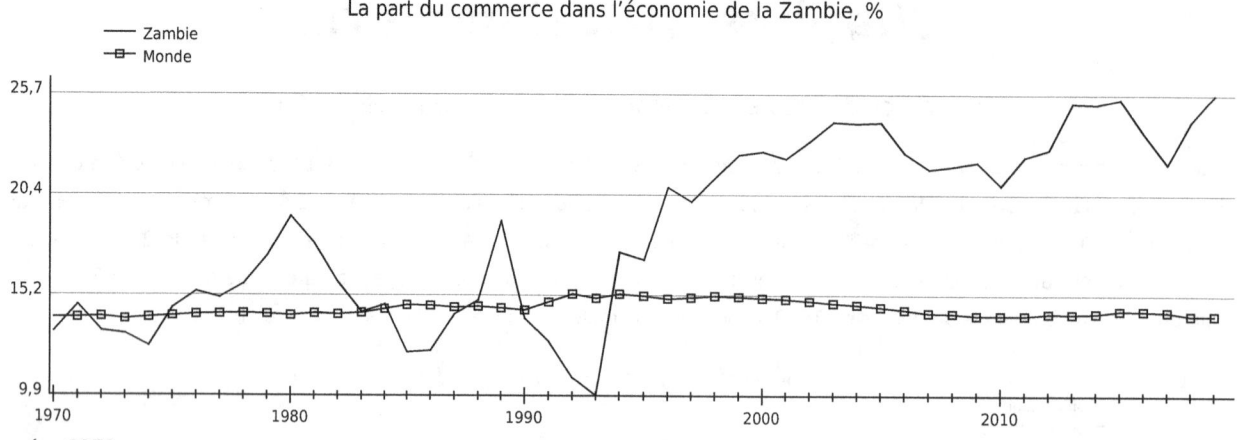

La part du commerce dans l'économie de la Zambie, %

Les années 1970

La valeur du commerce en Zambie était de 322,5 millions de dollars par an dans les années 1970, se classant au 93ème rang mondial. La part dans le monde était de 0,036% et de 1,1% en Afrique.

La part du commerce dans l'économie de la Zambie était de 14,8% dans les années 1970, au 89ème rang mondial, à égalité avec l'Ouganda (14,7%), la Tanzanie (14,7%), la Polynésie française (14,6%).

Le commerce par habitant en Zambie était de 66.1 dollars dans les années 1970, se situant au 131ème rang mondial, à égalité avec Maurice (65,1 de dollars), l'Asie (67,4 de dollars). Le commerce par habitant en Zambie était 3,3 fois inférieur le commerce par habitant au Monde (221,0 US$), et 10,5% inférieur le commerce par habitant en Afrique (73,8 US$).

La croissance du commerce en Zambie était de 5.2% dans les années 1970, se situant au 85ème rang mondial, à égalité avec le Suriname (5,2%). La croissance du commerce en Zambie (5,2%) a été supérieure à celle du monde (4,5%), et supérieure à celle de l'Afrique (4,6%).

Comparaison avec les voisins. La valeur du commerce en Zambie était supérieure à celle du Malawi (56,9 millions de dollars); mais inférieure à celle de la RDC (1,6 milliards de dollars), du Zimbabwe (1,0 milliards de dollars), de la Tanzanie (622,9 millions de dollars), de l'Angola (564,8 millions de dollars) et du Mozambique (480,3 millions de dollars). Le commerce par habitant en Zambie était supérieur à celui du Mozambique (47,5 de dollars), de la Tanzanie (39,7 de dollars) et du Malawi (10,6 de dollars); mais inférieur à celui du Zimbabwe (164,4 de dollars), de l'Angola (81,7 de dollars) et de la république démocratique du Congo (69,7 de dollars). La croissance du commerce en Zambie était supérieure à celle du Mozambique (3,9%), de la RDC (3,6%), du Zimbabwe (1,9%), de la Tanzanie (1,2%) et de l'Angola (0,17%); mais inférieure à celle du Malawi (7,2%).

Comparaison avec les leaders. Le commerce de la Zambie était inférieur à celui des États-Unis (278,3 milliards de dollars), du Japon (90,3 milliards de dollars), de l'URSS (62,3 milliards de dollars), de l'Allemagne (61,1 milliards de dollars) et de la France (40,9 milliards de dollars). Le commerce par habitant en Zambie était inférieur à celui des États-Unis (1 275,1 de dollars), du Japon (811,1 de dollars), de l'Allemagne (775,5 de dollars), de la France (762,4 de dollars) et de l'URSS (247,1 de dollars). La croissance du commerce en Zambie était supérieure à celle de l'URSS (5,2%), de la France (3,9%), des États-Unis (3,9%) et de l'Allemagne (3,0%); mais inférieure à celle du Japon (8,2%).

Les années 1980

La valeur du commerce en Zambie était de 491,2 millions de dollars par an dans les années 1980, au 104ème rang mondial. La part dans le monde était de 0,023% et de 0,74% en Afrique.

La part du commerce dans l'économie de la Zambie était de 15,9% dans les années 1980, se situant au 76ème rang mondial, à égalité avec Nauru (16,0%), la Micronésie (15,8%), les Samoa (15,8%).

Le commerce par habitant en Zambie était de 72 dollars dans les années 1980, au 148ème rang mondial. Le commerce par habitant en Zambie était 6,1 fois inférieur le commerce par habitant au Monde (437,7 US$), et 40,9% inférieur le commerce par habitant en Afrique (121,8 US$).

La croissance du commerce en Zambie était de 5.5% dans les années 1980, se situant au 31ème rang mondial, à égalité avec les Îles Marshall (5,5%). La croissance du commerce en Zambie (5,5%) a été supérieure à celle du monde (3,3%), et supérieure à celle de

Chapitre VIII. Commerce

l'Afrique (2,7%).

Comparaison avec les voisins. Le commerce de la Zambie était supérieur à celui du Malawi (97,9 millions de dollars); mais inférieur à celui du Zimbabwe (2,4 milliards de dollars), de la RDC (1,6 milliards de dollars), de la Tanzanie (1,3 milliards de dollars), de l'Angola (1,0 milliards de dollars) et du Mozambique (682,3 millions de dollars). Le commerce par habitant en Zambie était supérieur à celui de la Tanzanie (60,2 de dollars), de la république démocratique du Congo (54,8 de dollars), du Mozambique (54,7 de dollars) et du Malawi (13,3 de dollars); mais inférieur à celui du Zimbabwe (271,9 de dollars) et de l'Angola (106,1 de dollars). La croissance du commerce en Zambie était supérieure à celle de l'Angola (3,4%), du Zimbabwe (2,8%), de la Tanzanie (2,4%), de la RDC (1,8%), du Malawi (0,57%) et du Mozambique (-1,3%).

Comparaison avec les leaders. La valeur du commerce en Zambie était inférieure à celle des États-Unis (653,3 milliards de dollars), du Japon (277,3 milliards de dollars), de l'Allemagne (116,7 milliards de dollars), de l'URSS (112,3 milliards de dollars) et de l'Italie (95,7 milliards de dollars). Le commerce par habitant en Zambie était inférieur à celui des États-Unis (2 728,2 de dollars), du Japon (2 286,5 de dollars), de l'Italie (1 684,2 de dollars), de l'Allemagne (1 496,0 de dollars) et de l'URSS (408,1 de dollars). La croissance du commerce en Zambie était supérieure à celle du Japon (4,9%), des États-Unis (4,4%), de l'Italie (2,3%), de l'Allemagne (1,8%) et de l'URSS (-0,62%).

Les années 1990

Le secteur du commerce en Zambie était de 558,8 millions de dollars par an dans les années 1990, se situant au 124ème rang mondial à égalité avec Maurice (558,9 millions de dollars), la Polynésie française (557,7 millions de dollars), Bahreïn (562,8 millions de dollars). La part dans le monde était de 0,014% et de 0,66% en Afrique.

La part du commerce dans l'économie de la Zambie était de 16,8% dans les années 1990, se situant au 75ème rang mondial, à égalité avec le Viêt Nam (16,9%), l'Italie (16,9%), l'Afrique de l'Ouest (16,9%).

Le commerce par habitant en Zambie était de 61.9 dollars dans les années 1990, se classant au 167ème rang mondial, à égalité avec le Niger (62,7 de dollars), l'Ouzbékistan (60,8 de dollars). Le commerce par habitant en Zambie était 11,7 fois inférieur le commerce par habitant au Monde (721,8 US$), et 48,6% inférieur le commerce par habitant en Afrique (120,3 US$).

La croissance du commerce en Zambie était de 3.7% dans les années 1990, se classant au 82ème rang mondial, à égalité avec la Thaïlande (3,7%), la Guinée (3,7%), la Gambie (3,7%). La croissance du commerce en Zambie (3,7%) a été supérieure à celle du monde (3,5%), et supérieure à celle de l'Afrique (2,8%).

Comparaison avec les voisins. La valeur ajoutée du commerce en Zambie était supérieure à celle du Malawi (284,8 millions de dollars); mais inférieure à celle du Zimbabwe (3,1 milliards de dollars), de la république démocratique du Congo (1,5 milliards de dollars), de la Tanzanie (1,4 milliards de dollars), de l'Angola (1,1 milliards de dollars) et du Mozambique (622,8 millions de dollars). Le commerce par habitant en Zambie était supérieur à celui de la Tanzanie (49,5 de dollars), du Mozambique (41,1 de dollars), de la RDC (36,6 de dollars) et du Malawi (28,6 de dollars); mais inférieur à celui du Zimbabwe (275,8 de dollars) et de l'Angola (83,2 de dollars). La croissance du commerce en Zambie était supérieure à celle du Malawi (2,9%), de la RDC (-2,3%) et de l'Angola (-2,4%); mais inférieure à celle du Mozambique (4,7%), de la Tanzanie (4,1%) et du Zimbabwe (3,8%).

Comparaison avec les leaders. La valeur du commerce en Zambie était inférieure à celle des États-Unis (1,2 billions de dollars), du Japon (713,2 milliards de dollars), de l'Allemagne (243,7 milliards de dollars), de l'Italie (185,6 milliards de dollars) et de la France (177,0 milliards de dollars). Le commerce par habitant en Zambie était inférieur à celui du Japon (5 656,5 de dollars), des États-Unis (4 395,6 de dollars), de l'Italie (3 255,0 de dollars), de l'Allemagne (3 021,8 de dollars) et de la France (2 980,3 de dollars). La croissance du commerce en Zambie était supérieure à celle de l'Allemagne (2,5%), de la France (2,4%) et de l'Italie (1,9%); mais inférieure à celle des États-Unis (4,3%) et du Japon (3,8%).

Les années 2000

La valeur du commerce en Zambie était de 1,9 milliards de dollars par an dans les années 2000, se classant au 99ème rang mondial à égalité avec la Côte d'Ivoire (2,0 milliards de dollars). La part dans le monde était de 0,030% et de 1,3% en Afrique.

La part du commerce dans l'économie de la Zambie était de 22,6% dans les années 2000, au 23ème rang mondial.

Le commerce par habitant en Zambie était de 165.8 dollars dans les années 2000, se situant au 153ème rang mondial, à égalité avec l'Afrique (164,0 de dollars), la république du Congo (163,7 de dollars), Djibouti (162,7 de dollars). Le commerce par habitant en Zambie était 6,0 fois inférieur le commerce par habitant au Monde (990,3 US$), et 1,1% supérieur le commerce par habitant en Afrique (164,0 US$).

La croissance du commerce en Zambie était de 6.7% dans les années 2000, au 50ème rang mondial, à égalité avec la Bosnie-Herzégovine (6,7%), le Panama (6,8%). La croissance du commerce en Zambie (6,7%) a été supérieure à celle du monde (2,7%), et supérieure à celle de l'Afrique (5,9%).

Comparaison avec les voisins. Le secteur du commerce en Zambie était supérieur à celui du Zimbabwe (1,8 milliards de dollars), de la république démocratique du Congo (1,6 milliards de dollars), du Mozambique (981,4 millions de dollars) et du Malawi (553,1 millions de dollars); mais inférieur à celui de l'Angola (5,2 milliards de dollars) et de la Tanzanie (2,4 milliards de dollars). Le commerce par habitant en Zambie était supérieur à celui du Zimbabwe (144,5 de dollars), de la Tanzanie (64,2 de dollars), du Mozambique (48,5 de dollars), du Malawi (44,1 de dollars) et de la république démocratique du Congo (30,4 de dollars); mais inférieur à celui de l'Angola (270,3 de dollars). La croissance du commerce en Zambie était supérieure à celle de la Tanzanie (6,6%), du Malawi (5,6%), de la RDC (4,2%) et du Zimbabwe (-1,0%); mais inférieure à celle de l'Angola (10,1%) et du Mozambique (8,5%).

Comparaison avec les leaders. Le commerce de la Zambie était inférieur à celui des États-Unis (1,9 billions de dollars), du Japon (771,8 milliards de dollars), de l'Allemagne (296,0 milliards de dollars), du Royaume-Uni (293,5 milliards de dollars) et de la Chine (262,0 milliards de dollars). Le commerce par habitant en Zambie était inférieur à celui des États-Unis (6 383,1 de dollars), du Japon (6 021,3 de dollars), du Royaume-Uni (4 856,7 de dollars), de l'Allemagne (3 637,0 de dollars) et de la Chine (197,5 de dollars). La croissance du commerce en Zambie était supérieure à celle de l'Allemagne (1,7%), du Royaume-Uni (1,3%), des États-Unis (1,1%) et du Japon (-0,77%); mais inférieure à celle de la Chine (11,9%).

Les années 2010

La valeur ajoutée du commerce en Zambie était de 5,4 milliards de dollars par an dans les années 2010, se situant au 93ème rang mondial à égalité avec Trinité-et-Tobago (5,5 milliards de dollars), la Tanzanie (5,5 milliards de dollars), le Kenya (5,5 milliards de dollars). La part dans le monde était de 0,051% et de 1,6% en Afrique.

La part du commerce dans l'économie de la Zambie était de 23,8% dans les années 2010, se classant au 21ème rang mondial, à égalité avec Saint-Martin (23,9%), le Vanuatu (23,6%).

Le commerce par habitant en Zambie était de 346 dollars dans les années 2010, au 150ème rang mondial, à égalité avec la Moldavie (345,5 de dollars). Le commerce par habitant en Zambie était 4,2 fois inférieur le commerce par habitant au Monde (1 436,8 US$), et 18,6% supérieur le commerce par habitant en Afrique (291,7 US$).

La croissance du commerce en Zambie était de 6.2% dans les années 2010, se classant au 35ème rang mondial, à égalité avec la Tanzanie (6,2%), le Ghana (6,2%), le Kenya (6,3%). La croissance du commerce en Zambie (6,2%) a été supérieure à celle du monde (3,3%), et supérieure à celle de l'Afrique (3,4%).

Comparaison avec les voisins. La valeur du commerce en Zambie était 37,1% supérieure à celle de la république démocratique du Congo (4,0 milliards de dollars), 45,4% supérieure à celle du Zimbabwe (3,7 milliards de dollars), 3,0 fois supérieure à celle du Mozambique (1,8 milliards de dollars) et 4,7 fois supérieure à celle du Malawi (1,2 milliards de dollars); mais 4,1 fois inférieure à celle de l'Angola (22,1 milliards de dollars) et 0,87% inférieure à celle de la Tanzanie (5,5 milliards de dollars). Le commerce par habitant en Zambie était 26,9% supérieur à celui du Zimbabwe (272,6 de dollars), 3,2 fois supérieur à celui de la Tanzanie (107,4 de dollars), 4,9 fois supérieur à celui du Malawi (70,3 de dollars), 5,1 fois supérieur à celui du Mozambique (67,4 de dollars) et 6,6 fois supérieur à celui de la RDC (52,5 de dollars); mais 2,3 fois inférieur à celui de l'Angola (802,4 de dollars). La croissance du commerce en Zambie était supérieure à celle de la Tanzanie (6,2%), du Mozambique (5,6%), de la RDC (4,9%), du Malawi (4,2%), du Zimbabwe (3,8%) et de l'Angola (2,5%).

Comparaison avec les leaders. La valeur ajoutée du commerce en Zambie était 482,4 fois inférieure à celle des États-Unis (2,6 billions de dollars), 220,3 fois inférieure à celle de la Chine (1,2 billions de dollars), 160,4 fois inférieure à celle du Japon (869,5 milliards de dollars), 68,7 fois inférieure à celle de l'Allemagne (372,6 milliards de dollars) et 60,9 fois inférieure à celle du Royaume-Uni (330,0 milliards de dollars). Le commerce par habitant en Zambie était 23,7 fois inférieur à celui des États-Unis (8 186,4 de dollars), 19,6 fois inférieur à celui du Japon (6 797,1 de dollars), 14,5 fois inférieur à celui du Royaume-Uni (5 030,4 de dollars), 13,2 fois inférieur à celui de l'Allemagne (4 551,8 de dollars) et 2,5 fois inférieur à celui de la Chine (851,7 de dollars). La croissance du commerce en Zambie était supérieure à celle du Royaume-Uni (2,8%), des États-Unis (2,3%), de l'Allemagne (2,0%) et du Japon (0,77%); mais inférieure à celle de la Chine (8,9%).

Chapitre IX. Services

(ISIC J-P)

Les services de la Zambie sont passés de 506,8 millions de dollars par an dans les années 1970 à 5,8 milliards de dollars par an dans les années 2010, c'est-à-dire 5,3 milliards de dollars ou de 11,4 fois. La variation a été de 3,4 milliards de dollars en raison de l'augmentation de 2,4 fois des prix, et de 769,4 millions de dollars en raison de la croissance de productivité de 1,5 fois, et de 1,1 milliards de dollars en raison de la croissance démographique. La croissance annuelle moyenne des services était de 4,1%. La valeur minimale était de 269,3 millions de dollars en 1986. La valeur maximale était de 6,6 milliards de dollars en 2014.

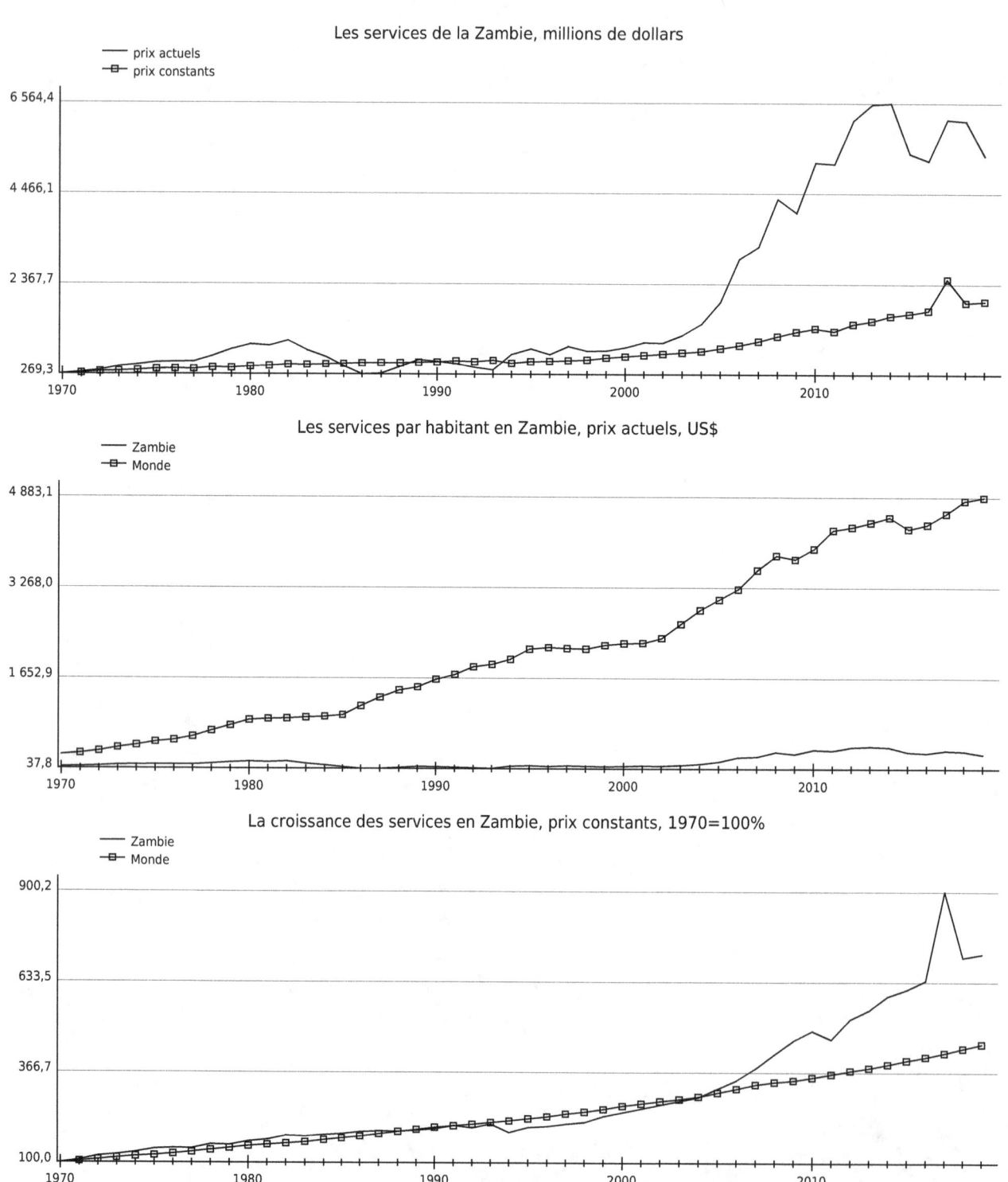

Chapitre IX. Services

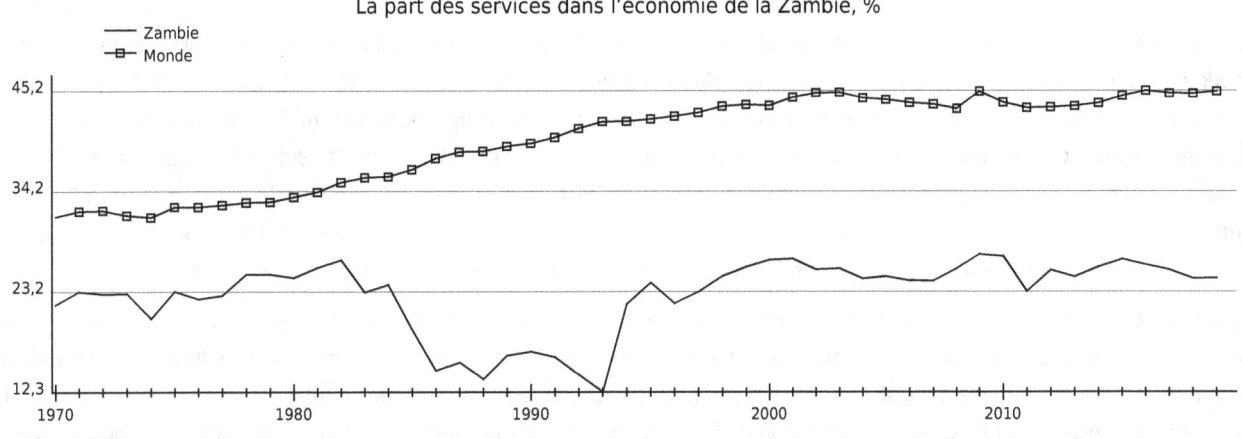

Les années 1970

Le secteur des services en Zambie était de 506,8 millions de dollars par an dans les années 1970, se classant au 96ème rang mondial à égalité avec le Paraguay (512,5 millions de dollars). La part dans le monde était de 0,025% et de 0,79% en Afrique.

La part des services dans l'économie de la Zambie était de 23,2% dans les années 1970, se classant au 126ème rang mondial, à égalité avec la Corée du Nord (23,2%), la Syrie (23,1%), le Laos (23,3%).

Les services par habitant en Zambie étaient de 103.8 dollars dans les années 1970, se classant au 134ème rang mondial, à égalité avec la Tanzanie (105,0 de dollars). Les services par habitant en Zambie étaient 4,9 fois inférieures les services par habitant au Monde (506,9 US$), et 33,4% inférieures les services par habitant en Afrique (156,0 US$).

La croissance des services en Zambie était de 4.8% dans les années 1970, se situant au 97ème rang mondial, à égalité avec la Mélanésie (4,7%), Sierra Leone (4,8%). La croissance des services en Zambie (4,8%) a été supérieure à celle du monde (4,1%), et inférieure à celle de l'Afrique (5,5%).

Comparaison avec les voisins. Les services de la Zambie étaient supérieures à celles du Malawi (134,1 millions de dollars); mais inférieures à celles de la république démocratique du Congo (2,0 milliards de dollars), de la Tanzanie (1,6 milliards de dollars), de l'Angola (1,3 milliards de dollars), du Zimbabwe (1,1 milliards de dollars) et du Mozambique (613,1 millions de dollars). Les services par habitant en Zambie étaient supérieures à celles de la république démocratique du Congo (87,4 de dollars), du Mozambique (60,7 de dollars) et du Malawi (25,1 de dollars); mais inférieures à celles de l'Angola (182,2 de dollars), du Zimbabwe (177,3 de dollars) et de la Tanzanie (105,0 de dollars). La croissance des services en Zambie était supérieure à celle du Mozambique (3,9%), du Zimbabwe (3,4%), de la RDC (1,0%) et de l'Angola (0,23%); mais inférieure à celle du Malawi (9,2%) et de la Tanzanie (8,4%).

Comparaison avec les leaders. La valeur des services en Zambie était inférieure à celle des États-Unis (674,4 milliards de dollars), de l'URSS (168,3 milliards de dollars), du Japon (153,8 milliards de dollars), de l'Allemagne (150,2 milliards de dollars) et de la France (121,8 milliards de dollars). Les services par habitant en Zambie étaient inférieures à celles des États-Unis (3 090,2 de dollars), de la France (2 271,8 de dollars), de l'Allemagne (1 907,6 de dollars), du Japon (1 381,3 de dollars) et de l'URSS (667,3 de dollars). La croissance des services en Zambie était supérieure à celle de la France (3,9%), des États-Unis (3,3%) et de l'URSS (0,90%); mais inférieure à celle du Japon (5,9%) et de l'Allemagne (4,8%).

Les années 1980

La valeur des services en Zambie était de 650,5 millions de dollars par an dans les années 1980, au 112ème rang mondial. La part dans le monde était de 0,012% et de 0,51% en Afrique.

La part des services dans l'économie de la Zambie était de 21,1% dans les années 1980, au 149ème rang mondial, à égalité avec l'Égypte (21,0%), la Turquie (21,0%), le Cap-Vert (21,2%).

Les services par habitant en Zambie étaient de 95.4 dollars dans les années 1980, se classant au 149ème rang mondial, à égalité avec la Mongolie (95,8 de dollars), l'Asie du Sud (94,8 de dollars), l'Égypte (94,0 de dollars). Les services par habitant en Zambie étaient 11,7 fois inférieures les services par habitant au Monde (1 115,5 US$), et 2,5 fois inférieures les services par habitant en Afrique (235,7 US$).

La croissance des services en Zambie était de 2.6% dans les années 1980, au 126ème rang mondial, à égalité avec l'Eswatini (2,6%).

La croissance des services en Zambie (2,6%) a été inférieure à celle du monde (3,3%), et inférieure à celle de l'Afrique (3,9%).

Comparaison avec les voisins. Le secteur des services en Zambie était supérieur à celui du Malawi (286,1 millions de dollars); mais inférieur à celui de la Tanzanie (2,9 milliards de dollars), du Zimbabwe (2,5 milliards de dollars), de l'Angola (2,4 milliards de dollars), de la république démocratique du Congo (907,1 millions de dollars) et du Mozambique (869,5 millions de dollars). Les services par habitant en Zambie étaient supérieures à celles du Mozambique (69,7 de dollars), du Malawi (38,8 de dollars) et de la RDC (30,6 de dollars); mais inférieures à celles du Zimbabwe (286,5 de dollars), de l'Angola (243,4 de dollars) et de la Tanzanie (136,7 de dollars). La croissance des services en Zambie était supérieure à celle de la Tanzanie (2,3%), de la république démocratique du Congo (1,8%), de l'Angola (1,5%) et du Mozambique (-1,3%); mais inférieure à celle du Zimbabwe (5,1%) et du Malawi (2,8%).

Comparaison avec les leaders. La valeur des services en Zambie était inférieure à celle des États-Unis (1,9 billions de dollars), du Japon (619,9 milliards de dollars), de l'Allemagne (362,2 milliards de dollars), de la France (294,5 milliards de dollars) et du Royaume-Uni (265,4 milliards de dollars). Les services par habitant en Zambie étaient inférieures à celles des États-Unis (7 844,6 de dollars), de la France (5 211,0 de dollars), du Japon (5 111,4 de dollars), du Royaume-Uni (4 700,6 de dollars) et de l'Allemagne (4 642,6 de dollars). La croissance des services en Zambie était supérieure à celle de la France (2,3%); mais inférieure à celle du Japon (4,8%), du Royaume-Uni (3,3%), de l'Allemagne (3,1%) et des États-Unis (2,8%).

Les années 1990

Le secteur des services en Zambie était de 675,2 millions de dollars par an dans les années 1990, se situant au 138ème rang mondial à égalité avec le Malawi (659,9 millions de dollars). La part dans le monde était de 0,0059% et de 0,44% en Afrique.

La part des services dans l'économie de la Zambie était de 20,3% dans les années 1990, au 168ème rang mondial, à égalité avec l'Algérie (20,2%), l'Afrique de l'Ouest (20,2%), l'Afrique centrale (20,4%).

Les services par habitant en Zambie étaient de 74.8 dollars dans les années 1990, se situant au 181ème rang mondial, à égalité avec le Togo (75,2 de dollars). Les services par habitant en Zambie étaient 26,9 fois inférieures les services par habitant au Monde (2 014,6 US$), et 2,9 fois inférieures les services par habitant en Afrique (217,8 US$).

La croissance des services en Zambie était de 2% dans les années 1990, se classant au 138ème rang mondial, à égalité avec l'Afrique du Sud (2,0%). La croissance des services en Zambie (2,0%) a été inférieure à celle du monde (2,7%), et inférieure à celle de l'Afrique (2,6%).

Comparaison avec les voisins. Le secteur des services en Zambie était supérieur à celui du Malawi (659,9 millions de dollars) et du Mozambique (657,5 millions de dollars); mais inférieur à celui du Zimbabwe (3,0 milliards de dollars), de l'Angola (2,2 milliards de dollars), de la Tanzanie (1,8 milliards de dollars) et de la RDC (830,7 millions de dollars). Les services par habitant en Zambie étaient supérieures à celles du Malawi (66,2 de dollars), de la Tanzanie (61,0 de dollars), du Mozambique (43,4 de dollars) et de la RDC (20,5 de dollars); mais inférieures à celles du Zimbabwe (262,5 de dollars) et de l'Angola (162,5 de dollars). La croissance des services en Zambie était supérieure à celle du Zimbabwe (1,6%), de l'Angola (-2,2%) et de la RDC (-2,5%); mais inférieure à celle du Mozambique (3,4%), du Malawi (2,7%) et de la Tanzanie (2,6%).

Comparaison avec les leaders. Les services de la Zambie étaient inférieures à celles des États-Unis (3,8 billions de dollars), du Japon (1,6 billions de dollars), de l'Allemagne (908,0 milliards de dollars), de la France (628,2 milliards de dollars) et du Royaume-Uni (592,3 milliards de dollars). Les services par habitant en Zambie étaient inférieures à celles des États-Unis (14 354,4 de dollars), du Japon (12 820,4 de dollars), de l'Allemagne (11 259,5 de dollars), de la France (10 578,2 de dollars) et du Royaume-Uni (10 233,8 de dollars). La croissance des services en Zambie était supérieure à celle du Japon (1,7%) et de la France (1,6%); mais inférieure à celle de l'Allemagne (3,2%), du Royaume-Uni (3,0%) et des États-Unis (2,3%).

Les années 2000

La valeur des services en Zambie était de 2,2 milliards de dollars par an dans les années 2000, se situant au 123ème rang mondial à égalité avec Maurice (2,2 milliards de dollars). La part dans le monde était de 0,011% et de 0,77% en Afrique.

La part des services dans l'économie de la Zambie était de 25,5% dans les années 2000, au 151ème rang mondial, à égalité avec le Malawi (25,5%), l'Albanie (25,6%), le Guyana (25,4%).

Les services par habitant en Zambie étaient de 187.4 dollars dans les années 2000, se classant au 168ème rang mondial. Les services par habitant en Zambie étaient 16,1 fois inférieures les services par habitant au Monde (3 011,2 US$), et 40,4% inférieures les services

Chapitre IX. Services

par habitant en Afrique (314,3 US$).

La croissance des services en Zambie était de 6.8% dans les années 2000, au 32ème rang mondial, à égalité avec le Nigeria (6,8%). La croissance des services en Zambie (6,8%) a été supérieure à celle du monde (2,9%), et supérieure à celle de l'Afrique (5,1%).

Comparaison avec les voisins. Le secteur des services en Zambie était supérieur à celui du Mozambique (1,9 milliards de dollars), de la république démocratique du Congo (1,8 milliards de dollars), du Zimbabwe (1,8 milliards de dollars) et du Malawi (939,3 millions de dollars); mais inférieur à celui de l'Angola (8,2 milliards de dollars) et de la Tanzanie (4,2 milliards de dollars). Les services par habitant en Zambie étaient supérieures à celles du Zimbabwe (145,6 de dollars), de la Tanzanie (110,7 de dollars), du Mozambique (95,8 de dollars), du Malawi (74,9 de dollars) et de la RDC (33,1 de dollars); mais inférieures à celles de l'Angola (425,7 de dollars). La croissance des services en Zambie était supérieure à celle de la Tanzanie (6,5%), du Zimbabwe (5,8%), de l'Angola (4,8%), du Malawi (3,2%) et de la république démocratique du Congo (2,3%); mais inférieure à celle du Mozambique (7,9%).

Comparaison avec les leaders. Le secteur des services en Zambie était inférieur à celui des États-Unis (6,7 billions de dollars), du Japon (2,0 billions de dollars), de l'Allemagne (1,2 billions de dollars), du Royaume-Uni (1,1 billions de dollars) et de la France (997,0 milliards de dollars). Les services par habitant en Zambie étaient inférieures à celles des États-Unis (22 883,5 de dollars), du Royaume-Uni (18 012,4 de dollars), de la France (15 875,1 de dollars), du Japon (15 302,2 de dollars) et de l'Allemagne (14 979,9 de dollars). La croissance des services en Zambie était supérieure à celle du Royaume-Uni (2,7%), des États-Unis (2,0%), de la France (1,5%), du Japon (1,2%) et de l'Allemagne (0,57%).

Les années 2010

La valeur des services en Zambie était de 5,8 milliards de dollars par an dans les années 2010, au 113ème rang mondial à égalité avec la Bosnie-Herzégovine (5,8 milliards de dollars), le Népal (5,8 milliards de dollars), la Géorgie (5,9 milliards de dollars). La part dans le monde était de 0,018% et de 0,94% en Afrique.

La part des services dans l'économie de la Zambie était de 25,4% dans les années 2010, se situant au 168ème rang mondial, à égalité avec le Qatar (25,4%), l'Asie du Sud-Est (25,4%).

Les services par habitant en Zambie étaient de 369.5 dollars dans les années 2010, se situant au 174ème rang mondial, à égalité avec le Bangladesh (371,1 de dollars), les Comores (371,3 de dollars), le Kenya (373,6 de dollars). Les services par habitant en Zambie étaient 12,1 fois inférieures les services par habitant au Monde (4 467,8 US$), et 30,0% inférieures les services par habitant en Afrique (528,2 US$).

La croissance des services en Zambie était de 4.5% dans les années 2010, au 70ème rang mondial. La croissance des services en Zambie (4,5%) a été supérieure à celle du monde (2,7%), et supérieure à celle de l'Afrique (3,4%).

Comparaison avec les voisins. La valeur des services en Zambie était 5,5% supérieure à celle du Zimbabwe (5,5 milliards de dollars), 25,4% supérieure à celle de la république démocratique du Congo (4,6 milliards de dollars), 69,3% supérieure à celle du Mozambique (3,4 milliards de dollars) et 4,2 fois supérieure à celle du Malawi (1,4 milliards de dollars); mais 3,9 fois inférieure à celle de l'Angola (22,8 milliards de dollars) et 39,4% inférieure à celle de la Tanzanie (9,6 milliards de dollars). Les services par habitant en Zambie étaient 96,8% supérieures à celles de la Tanzanie (187,8 de dollars), 2,9 fois supérieures à celles du Mozambique (127,8 de dollars), 4,4 fois supérieures à celles du Malawi (83,4 de dollars) et 6,0 fois supérieures à celles de la république démocratique du Congo (61,3 de dollars); mais 2,2 fois inférieures à celles de l'Angola (830,0 de dollars) et 7,9% inférieures à celles du Zimbabwe (401,3 de dollars). La croissance des services en Zambie était supérieure à celle de la république démocratique du Congo (3,6%) et de l'Angola (1,4%); mais inférieure à celle du Zimbabwe (9,7%), du Mozambique (6,8%), de la Tanzanie (6,5%) et du Malawi (5,4%).

Comparaison avec les leaders. Le secteur des services en Zambie était 1 719,0 fois inférieur à celui des États-Unis (10,0 billions de dollars), 612,5 fois inférieur à celui de la Chine (3,5 billions de dollars), 392,6 fois inférieur à celui du Japon (2,3 billions de dollars), 277,6 fois inférieur à celui de l'Allemagne (1,6 billions de dollars) et 234,1 fois inférieur à celui du Royaume-Uni (1,4 billions de dollars). Les services par habitant en Zambie étaient 84,3 fois inférieures à celles des États-Unis (31 159,6 de dollars), 55,9 fois inférieures à celles du Royaume-Uni (20 663,8 de dollars), 53,1 fois inférieures à celles de l'Allemagne (19 637,7 de dollars), 48,1 fois inférieures à celles du Japon (17 771,8 de dollars) et 6,8 fois inférieures à celles de la Chine (2 529,2 de dollars). La croissance des services en Zambie était supérieure à celle des États-Unis (1,8%), du Royaume-Uni (1,7%), de l'Allemagne (1,2%) et du Japon (0,99%); mais inférieure à celle de la Chine (8,4%).

Partie III. Relations extérieures

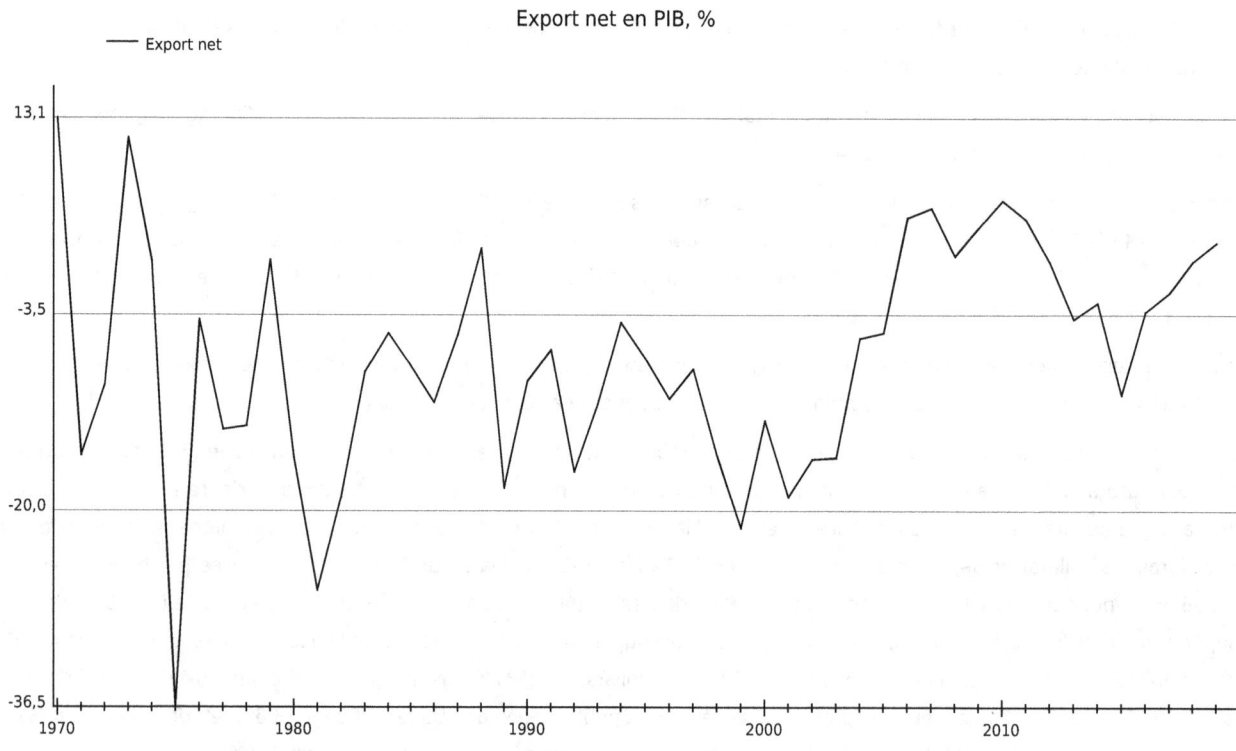

Chapitre X. Exportations

La valeur des exportations en Zambie est passé de 1,3 milliards de dollars par an dans les années 1970 à 9,2 milliards de dollars par an dans les années 2010, c'est-à-dire 7,9 milliards de dollars ou de 6,9 fois. La variation a été de 1,8 milliards de dollars en raison de l'augmentation de 1,2 fois des prix, et de 3,1 milliards de dollars en raison de la croissance du taux par habitant de 1,7 fois, et de 3,0 milliards de dollars en raison de la croissance démographique. La croissance annuelle moyenne des exportations était de 3,9%. La valeur minimale était de 701,1 millions de dollars en 2000. La valeur maximale était de 11,4 milliards de dollars en 2013.

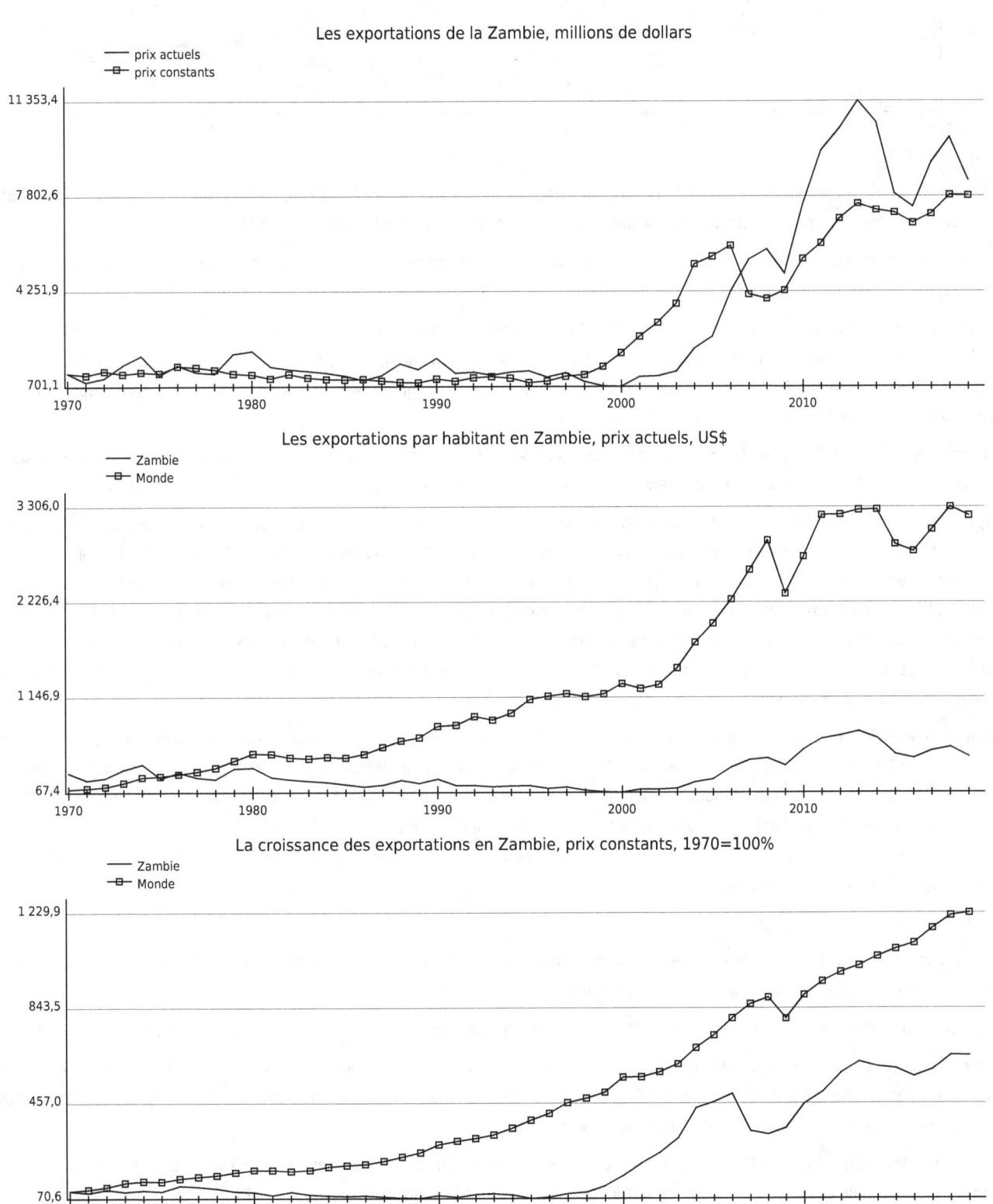

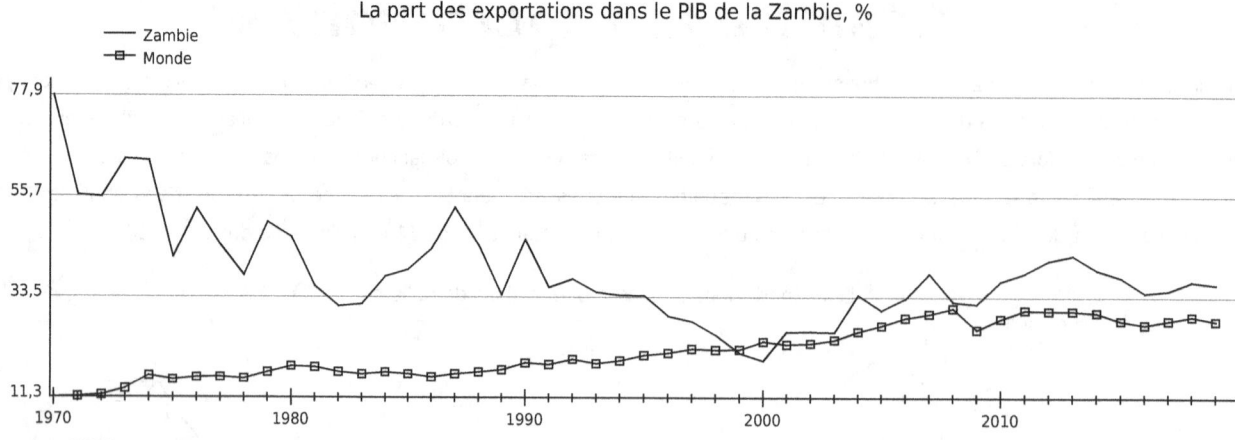

Les années 1970

Les exportations de la Zambie étaient de 1,3 milliards de dollars par an dans les années 1970, se classant au 65ème rang mondial à égalité avec le Brunei (1,3 milliards de dollars). La part dans le monde était de 0,14% et de 2,4% en Afrique.

La part des exportations dans le PIB de la Zambie était de 52,8% dans les années 1970, se classant au 32ème rang mondial, à égalité avec Porto Rico (53,3%).

Les exportations par habitant en Zambie étaient de 274.4 dollars dans les années 1970, se classant au 88ème rang mondial, à égalité avec la République dominicaine (274,8 de dollars), le Guyana (276,1 de dollars), l'Algérie (276,8 de dollars). Les exportations par habitant en Zambie étaient 13,4% supérieures les exportations par habitant au Monde (242,1 US$), et 2,0 fois supérieures les exportations par habitant en Afrique (137,0 US$).

La croissance des exportations en Zambie était de -0.2% dans les années 1970, se classant au 160ème rang mondial. La croissance des exportations en Zambie (-0,17%) a été inférieure à celle du monde (6,5%), et inférieure à celle de l'Afrique (5,7%).

Comparaison avec les voisins. Les exportations de la Zambie étaient supérieures à celles du Zimbabwe (1,1 milliards de dollars), de la Tanzanie (518,1 millions de dollars), du Malawi (174,5 millions de dollars) et du Mozambique (167,7 millions de dollars); mais inférieures à celles de la RDC (3,0 milliards de dollars) et de l'Angola (1,6 milliards de dollars). Les exportations par habitant en Zambie étaient supérieures à celles de l'Angola (232,2 de dollars), du Zimbabwe (169,4 de dollars), de la RDC (130,6 de dollars), de la Tanzanie (33,1 de dollars), du Malawi (32,7 de dollars) et du Mozambique (16,6 de dollars). La croissance des exportations en Zambie était supérieure à celle du Zimbabwe (-0,66%) et de la Tanzanie (-1,7%); mais inférieure à celle de la RDC (9,4%), du Mozambique (3,8%), du Malawi (2,9%) et de l'Angola (0,24%).

Comparaison avec les leaders. Les exportations de la Zambie étaient inférieures à celles des États-Unis (128,0 milliards de dollars), de l'Allemagne (82,9 milliards de dollars), de la France (64,3 milliards de dollars), du Japon (64,1 milliards de dollars) et du Royaume-Uni (61,3 milliards de dollars). Les exportations par habitant en Zambie étaient inférieures à celles de la France (1 199,1 de dollars), du Royaume-Uni (1 094,1 de dollars), de l'Allemagne (1 052,2 de dollars), des États-Unis (586,5 de dollars) et du Japon (575,8 de dollars). La croissance des exportations en Zambie était inférieure à celle du Japon (8,6%), de la France (7,8%), des États-Unis (6,8%), de l'Allemagne (5,1%) et du Royaume-Uni (5,0%).

Les années 1980

La valeur des exportations en Zambie était de 1,3 milliards de dollars par an dans les années 1980, se situant au 92ème rang mondial. La part dans le monde était de 0,052% et de 1,2% en Afrique.

La part des exportations dans le PIB de la Zambie était de 39,0% dans les années 1980, se situant au 64ème rang mondial.

Les exportations par habitant en Zambie étaient de 195.4 dollars dans les années 1980, se classant au 126ème rang mondial. Les exportations par habitant en Zambie étaient 2,7 fois inférieures les exportations par habitant au Monde (529,9 US$), et 3,0% inférieures les exportations par habitant en Afrique (201,4 US$).

La croissance des exportations en Zambie était de -3.2% dans les années 1980, se situant au 168ème rang mondial. La croissance des exportations en Zambie (-3,2%) a été inférieure à celle du monde (3,8%), et inférieure à celle de l'Afrique (-0,87%).

Chapitre X. Exportations

Comparaison avec les voisins. Les exportations de la Zambie étaient supérieures à celles de la Tanzanie (531,6 millions de dollars), du Malawi (319,0 millions de dollars) et du Mozambique (194,5 millions de dollars); mais inférieures à celles de la RDC (4,3 milliards de dollars), de l'Angola (2,8 milliards de dollars) et du Zimbabwe (1,9 milliards de dollars). Les exportations par habitant en Zambie étaient supérieures à celles de la république démocratique du Congo (146,3 de dollars), du Malawi (43,3 de dollars), de la Tanzanie (24,9 de dollars) et du Mozambique (15,6 de dollars); mais inférieures à celles de l'Angola (286,9 de dollars) et du Zimbabwe (222,3 de dollars). La croissance des exportations en Zambie était inférieure à celle de la RDC (8,5%), du Zimbabwe (7,4%), de la Tanzanie (6,7%), de l'Angola (6,4%), du Malawi (1,8%) et du Mozambique (0,18%).

Comparaison avec les leaders. Les exportations de la Zambie étaient inférieures à celles des États-Unis (338,6 milliards de dollars), du Japon (210,6 milliards de dollars), de l'Allemagne (208,1 milliards de dollars), de la France (155,9 milliards de dollars) et du Royaume-Uni (155,0 milliards de dollars). Les exportations par habitant en Zambie étaient inférieures à celles de la France (2 757,6 de dollars), du Royaume-Uni (2 744,8 de dollars), de l'Allemagne (2 667,0 de dollars), du Japon (1 736,5 de dollars) et des États-Unis (1 413,8 de dollars). La croissance des exportations en Zambie était inférieure à celle du Japon (6,7%), des États-Unis (5,7%), de l'Allemagne (4,7%), de la France (4,0%) et du Royaume-Uni (3,0%).

Les années 1990

La valeur des exportations en Zambie était de 1,2 milliards de dollars par an dans les années 1990, au 121ème rang mondial à égalité avec les Îles Caïmans (1,2 milliards de dollars), les Bermudes (1,2 milliards de dollars). La part dans le monde était de 0,020% et de 0,82% en Afrique.

La part des exportations dans le PIB de la Zambie était de 32,5% dans les années 1990, se situant au 97ème rang mondial, à égalité avec la Moldavie (32,6%), l'Ukraine (32,7%).

Les exportations par habitant en Zambie étaient de 129.9 dollars dans les années 1990, au 164ème rang mondial. Les exportations par habitant en Zambie étaient 7,9 fois inférieures les exportations par habitant au Monde (1 029,5 US$), et 35,7% inférieures les exportations par habitant en Afrique (202,1 US$).

La croissance des exportations en Zambie était de 5.4% dans les années 1990, se situant au 97ème rang mondial, à égalité avec l'Europe du Sud (5,4%), la Papouasie-Nouvelle-Guinée (5,4%), l'Eswatini (5,5%). La croissance des exportations en Zambie (5,4%) a été inférieure à celle du monde (6,9%), et supérieure à celle de l'Afrique (2,5%).

Comparaison avec les voisins. Les exportations de la Zambie étaient supérieures à celles de la Tanzanie (1,0 milliards de dollars), du Malawi (459,6 millions de dollars) et du Mozambique (361,1 millions de dollars); mais inférieures à celles de l'Angola (7,3 milliards de dollars), du Zimbabwe (3,1 milliards de dollars) et de la république démocratique du Congo (2,5 milliards de dollars). Les exportations par habitant en Zambie étaient supérieures à celles de la RDC (62,6 de dollars), du Malawi (46,1 de dollars), de la Tanzanie (35,0 de dollars) et du Mozambique (23,9 de dollars); mais inférieures à celles de l'Angola (526,3 de dollars) et du Zimbabwe (272,5 de dollars). La croissance des exportations en Zambie était supérieure à celle de la RDC (3,3%); mais inférieure à celle du Zimbabwe (16,3%), du Mozambique (13,7%), de la Tanzanie (10,9%), de l'Angola (9,7%) et du Malawi (7,4%).

Comparaison avec les leaders. Les exportations de la Zambie étaient inférieures à celles des États-Unis (773,6 milliards de dollars), de l'Allemagne (509,0 milliards de dollars), du Japon (418,7 milliards de dollars), de la France (329,8 milliards de dollars) et du Royaume-Uni (324,3 milliards de dollars). Les exportations par habitant en Zambie étaient inférieures à celles de l'Allemagne (6 311,2 de dollars), du Royaume-Uni (5 602,2 de dollars), de la France (5 553,9 de dollars), du Japon (3 320,8 de dollars) et des États-Unis (2 925,3 de dollars). La croissance des exportations en Zambie était supérieure à celle du Japon (4,2%); mais inférieure à celle des États-Unis (7,2%), de la France (6,5%), de l'Allemagne (6,0%) et du Royaume-Uni (5,7%).

Les années 2000

La valeur des exportations en Zambie était de 2,9 milliards de dollars par an dans les années 2000, au 122ème rang mondial à égalité avec la Namibie (3,0 milliards de dollars). La part dans le monde était de 0,023% et de 0,81% en Afrique.

La structure des exportations: produits primaires (70,4%), articles manufacturés provenant de ressources naturelles (17,9%), articles manufacturés à faible technologie (5,4%), articles manufacturés de technologie moyenne (3,7%).

La Zambie a exporté des marchandises vers la Suisse (18,7%), l'Afrique du Sud (10,4%), la Chine (8,9%), le Zimbabwe (6,8%), l'Arabie saoudite (6,1%) et d'autres pays (49,2%).

La part des exportations dans le PIB de la Zambie était de 31,9% dans les années 2000, se situant au 119ème rang mondial, à égalité avec le Yémen (31,9%), l'Asie (31,8%), la Moldavie (32,2%).

Les exportations par habitant en Zambie étaient de 248.3 dollars dans les années 2000, se classant au 166ème rang mondial, à égalité avec l'Afrique de l'Ouest (246,7 de dollars), le Kirghizistan (253,6 de dollars). Les exportations par habitant en Zambie étaient 7,8 fois inférieures les exportations par habitant au Monde (1 933,7 US$), et 37,7% inférieures les exportations par habitant en Afrique (398,4 US$).

La croissance des exportations en Zambie était de 11.5% dans les années 2000, se classant au 22ème rang mondial, à égalité avec Sierra Leone (11,4%). La croissance des exportations en Zambie (11,5%) a été supérieure à celle du monde (4,8%), et supérieure à celle de l'Afrique (5,3%).

Comparaison avec les voisins. Les exportations de la Zambie étaient supérieures à celles du Zimbabwe (2,6 milliards de dollars), du Mozambique (2,0 milliards de dollars) et du Malawi (721,9 millions de dollars); mais inférieures à celles de l'Angola (25,7 milliards de dollars), de la république démocratique du Congo (3,3 milliards de dollars) et de la Tanzanie (3,2 milliards de dollars). Les exportations par habitant en Zambie étaient supérieures à celles du Zimbabwe (215,7 de dollars), du Mozambique (101,0 de dollars), de la Tanzanie (85,2 de dollars), de la RDC (60,7 de dollars) et du Malawi (57,6 de dollars); mais inférieures à celles de l'Angola (1 333,6 de dollars). La croissance des exportations en Zambie était supérieure à celle du Malawi (7,7%), de l'Angola (7,6%), de la RDC (5,0%) et du Zimbabwe (-5,3%); mais inférieure à celle du Mozambique (21,2%) et de la Tanzanie (11,9%).

Comparaison avec les leaders. Les exportations de la Zambie étaient inférieures à celles des États-Unis (1,3 billions de dollars), de l'Allemagne (1,0 billions de dollars), de la Chine (780,2 milliards de dollars), du Japon (626,3 milliards de dollars) et du Royaume-Uni (591,1 milliards de dollars). Les exportations par habitant en Zambie étaient inférieures à celles de l'Allemagne (12 836,9 de dollars), du Royaume-Uni (9 780,7 de dollars), du Japon (4 886,4 de dollars), des États-Unis (4 488,4 de dollars) et de la Chine (588,1 de dollars). La croissance des exportations en Zambie était supérieure à celle de l'Allemagne (5,0%), du Japon (3,5%), des États-Unis (3,3%) et du Royaume-Uni (2,8%); mais inférieure à celle de la Chine (12,7%).

Les années 2010

Les exportations de la Zambie étaient de 9,2 milliards de dollars par an dans les années 2010, se situant au 108ème rang mondial à égalité avec le Brunei (9,3 milliards de dollars), le Honduras (9,3 milliards de dollars). La part dans le monde était de 0,040% et de 1,5% en Afrique.

La structure des exportations: produits primaires (76,1%), articles manufacturés provenant de ressources naturelles (13,2%), articles manufacturés à faible technologie (2,9%), articles manufacturés de technologie moyenne (4,3%).

La Zambie a exporté des marchandises vers la Chine (24,9%), la Suisse (24,4%), la république démocratique du Congo (8,3%), les Émirats arabes unis (6,7%), l'Afrique du Sud (6,1%) et d'autres pays (29,6%).

La part des exportations dans le PIB de la Zambie était de 38,1% dans les années 2010, se classant au 101ème rang mondial, à égalité avec le Kazakhstan (38,2%), la Barbade (38,0%), les Bahamas (37,9%).

Les exportations par habitant en Zambie étaient de 586.6 dollars dans les années 2010, se situant au 159ème rang mondial. Les exportations par habitant en Zambie étaient 5,3 fois inférieures les exportations par habitant au Monde (3 098,9 US$), et 9,8% supérieures les exportations par habitant en Afrique (534,3 US$).

La croissance des exportations en Zambie était de 6.2% dans les années 2010, au 56ème rang mondial, à égalité avec l'Ouzbékistan (6,2%), l'Amérique centrale (6,2%), la Bulgarie (6,2%). La croissance des exportations en Zambie (6,2%) a été supérieure à celle du monde (4,4%), et supérieure à celle de l'Afrique (-1,2%).

Comparaison avec les voisins. Les exportations de la Zambie étaient 8,3% supérieures à celles de la Tanzanie (8,5 milliards de dollars), 86,5% supérieures à celles du Mozambique (4,9 milliards de dollars), 2,2 fois supérieures à celles du Zimbabwe (4,2 milliards de dollars) et 6,6 fois supérieures à celles du Malawi (1,4 milliards de dollars); mais 5,5 fois inférieures à celles de l'Angola (50,1 milliards de dollars) et 21,6% inférieures à celles de la RDC (11,7 milliards de dollars). Les exportations par habitant en Zambie étaient 90,5% supérieures à celles du Zimbabwe (307,9 de dollars), 3,2 fois supérieures à celles du Mozambique (184,1 de dollars), 3,5 fois supérieures à celles de la Tanzanie (166,8 de dollars), 3,8 fois supérieures à celles de la république démocratique du Congo (155,8 de dollars) et 7,0 fois supérieures à celles du Malawi (84,0 de dollars); mais 3,1 fois inférieures à celles de l'Angola (1 824,3 de dollars). La

Chapitre X. Exportations

croissance des exportations en Zambie était supérieure à celle du Malawi (5,2%), de la Tanzanie (5,0%) et de l'Angola (-2,4%); mais inférieure à celle de la RDC (12,8%), du Zimbabwe (8,2%) et du Mozambique (7,1%).

Comparaison avec les leaders. La valeur des exportations en Zambie était 249,4 fois inférieure à celle de la Chine (2,3 billions de dollars), 246,9 fois inférieure à celle des États-Unis (2,3 billions de dollars), 183,1 fois inférieure à celle de l'Allemagne (1,7 billions de dollars), 93,5 fois inférieure à celle du Japon (859,4 milliards de dollars) et 88,7 fois inférieure à celle du Royaume-Uni (815,1 milliards de dollars). Les exportations par habitant en Zambie étaient 35,1 fois inférieures à celles de l'Allemagne (20 563,4 de dollars), 21,2 fois inférieures à celles du Royaume-Uni (12 425,4 de dollars), 12,1 fois inférieures à celles des États-Unis (7 104,2 de dollars), 11,5 fois inférieures à celles du Japon (6 718,2 de dollars) et 2,8 fois inférieures à celles de la Chine (1 635,3 de dollars). La croissance des exportations en Zambie était supérieure à celle de l'Allemagne (4,7%), du Japon (4,6%), des États-Unis (3,7%) et du Royaume-Uni (3,1%); mais inférieure à celle de la Chine (6,8%).

Chapitre XI. Importations

La valeur des importations en Zambie est passé de 1,5 milliards de dollars par an dans les années 1970 à 9,3 milliards de dollars par an dans les années 2010, c'est-à-dire 7,8 milliards de dollars ou de 6,2 fois. La variation a été de -1,4 milliards de dollars en raison de la baisse de 1,2 fois du prix, et de 5,9 milliards de dollars en raison de la croissance du taux par habitant de 2,2 fois, et de 3,3 milliards de dollars en raison de la croissance démographique. La croissance annuelle moyenne des importations était de 3,8%. La valeur minimale était de 1,0 milliards de dollars en 1970. La valeur maximale était de 12,4 milliards de dollars en 2013.

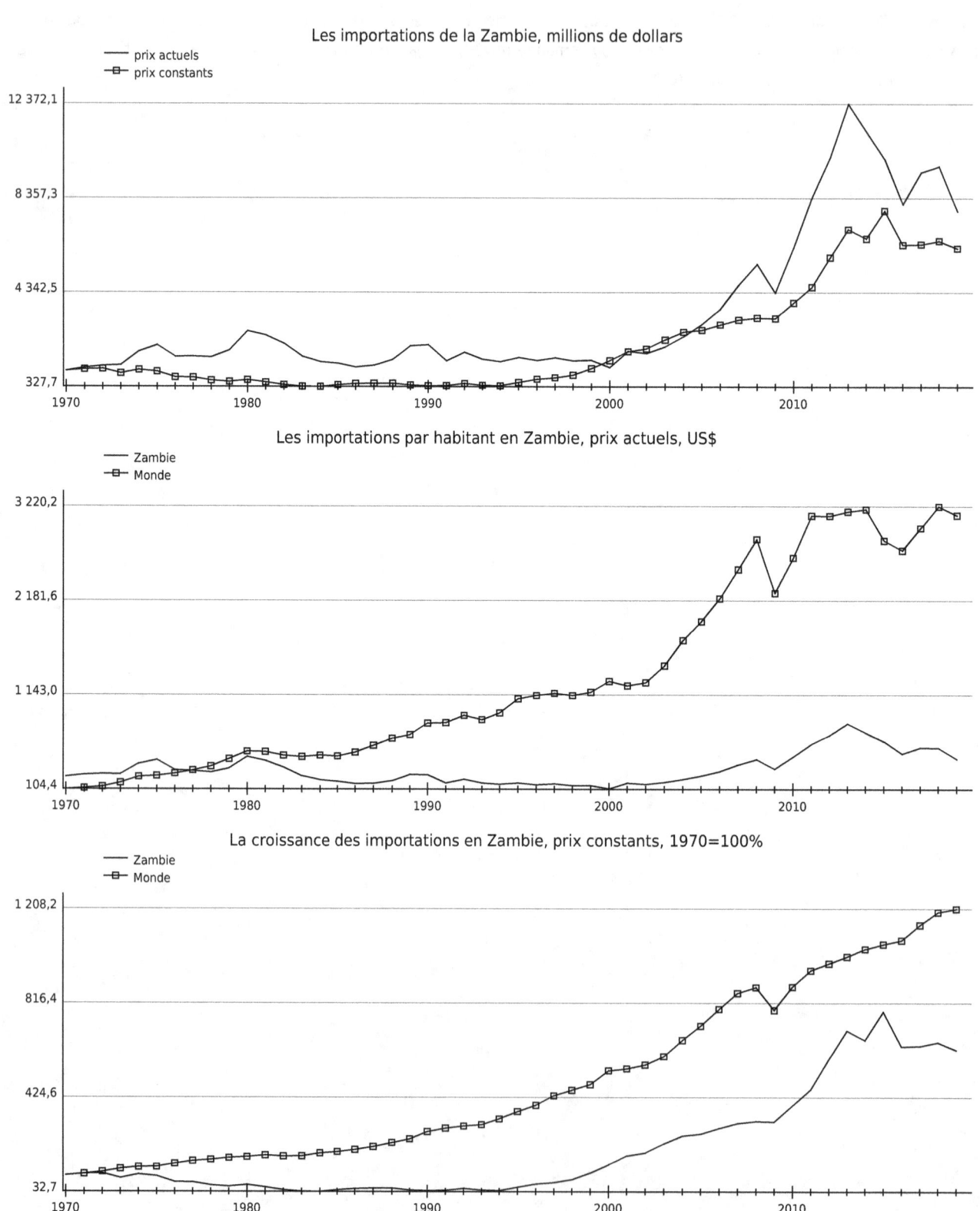

Chapitre XI. Importations

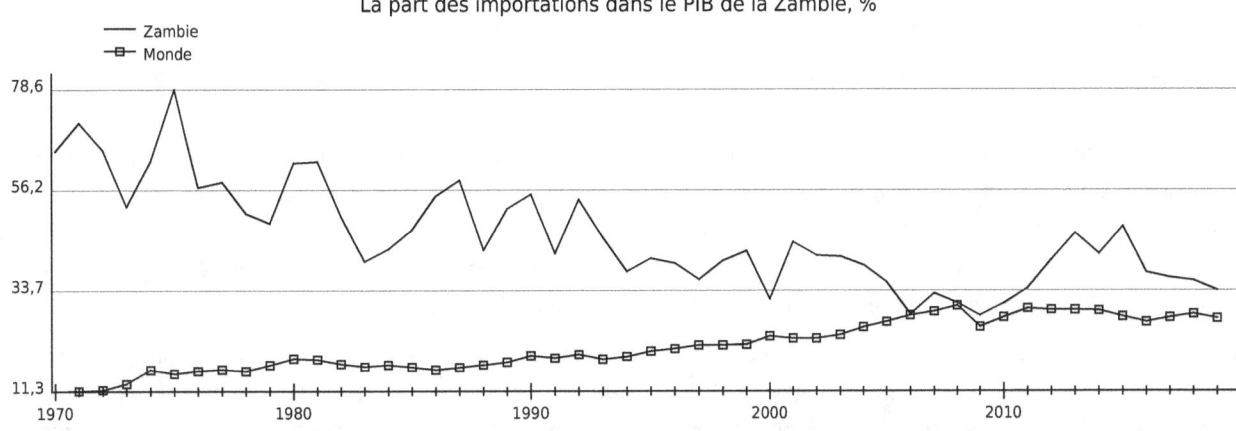
La part des importations dans le PIB de la Zambie, %

Les années 1970

Les importations de la Zambie étaient de 1,5 milliards de dollars par an dans les années 1970, se classant au 68ème rang mondial à égalité avec l'Angola (1,5 milliards de dollars), le Cameroun (1,5 milliards de dollars). La part dans le monde était de 0,15% et de 2,6% en Afrique.

La part des importations dans le PIB de la Zambie était de 59,5% dans les années 1970, se situant au 36ème rang mondial, à égalité avec le Suriname (59,3%).

Les importations par habitant en Zambie étaient de 309.5 dollars dans les années 1970, au 94ème rang mondial, à égalité avec la République dominicaine (313,9 de dollars), le Cap-Vert (303,3 de dollars), la Palestine (302,8 de dollars). Les importations par habitant en Zambie étaient 26,7% supérieures les importations par habitant au Monde (244,3 US$), et 2,2 fois supérieures les importations par habitant en Afrique (142,6 US$).

La croissance des importations en Zambie était de -6.7% dans les années 1970, se classant au 181ème rang mondial. La croissance des importations en Zambie (-6,7%) a été inférieure à celle du monde (6,3%), et inférieure à celle de l'Afrique (6,7%).

Comparaison avec les voisins. Les importations de la Zambie étaient supérieures à celles de l'Angola (1,5 milliards de dollars), du Mozambique (1,0 milliards de dollars), du Zimbabwe (923,4 millions de dollars), de la Tanzanie (644,5 millions de dollars) et du Malawi (271,7 millions de dollars); mais inférieures à celles de la RDC (3,9 milliards de dollars). Les importations par habitant en Zambie étaient supérieures à celles de l'Angola (218,0 de dollars), de la république démocratique du Congo (172,0 de dollars), du Zimbabwe (148,9 de dollars), du Mozambique (101,8 de dollars), du Malawi (50,8 de dollars) et de la Tanzanie (41,1 de dollars). La croissance des importations en Zambie était inférieure à celle de la RDC (8,0%), du Mozambique (3,8%), de la Tanzanie (3,6%), de l'Angola (0,40%), du Malawi (0,38%) et du Zimbabwe (-0,19%).

Comparaison avec les leaders. Les importations de la Zambie étaient inférieures à celles des États-Unis (133,2 milliards de dollars), de l'Allemagne (92,5 milliards de dollars), de la France (63,3 milliards de dollars), du Royaume-Uni (62,4 milliards de dollars) et du Japon (61,0 milliards de dollars). Les importations par habitant en Zambie étaient inférieures à celles de la France (1 181,1 de dollars), de l'Allemagne (1 175,1 de dollars), du Royaume-Uni (1 113,2 de dollars), des États-Unis (610,4 de dollars) et du Japon (547,6 de dollars). La croissance des importations en Zambie était inférieure à celle de la France (7,2%), du Japon (7,0%), de l'Allemagne (5,6%), des États-Unis (5,1%) et du Royaume-Uni (4,5%).

Les années 1980

Les importations de la Zambie étaient de 1,8 milliards de dollars par an dans les années 1980, se classant au 85ème rang mondial à égalité avec le Costa Rica (1,8 milliards de dollars). La part dans le monde était de 0,067% et de 1,6% en Afrique.

La part des importations dans le PIB de la Zambie était de 51,3% dans les années 1980, au 57ème rang mondial.

Les importations par habitant en Zambie étaient de 257.3 dollars dans les années 1980, se classant au 126ème rang mondial, à égalité avec le Guatemala (261,1 de dollars), la Thaïlande (262,0 de dollars), le Maroc (262,3 de dollars). Les importations par habitant en Zambie étaient 2,1 fois inférieures les importations par habitant au Monde (539,1 US$), et 23,7% supérieures les importations par habitant en Afrique (208,0 US$).

La croissance des importations en Zambie était de -3.2% dans les années 1980, se situant au 169ème rang mondial, à égalité avec le

Guatemala (-3,3%), la Birmanie (-3,2%). La croissance des importations en Zambie (-3,2%) a été inférieure à celle du monde (3,8%), et inférieure à celle de l'Afrique (-3,1%).

Comparaison avec les voisins. Les importations de la Zambie étaient supérieures à celles du Mozambique (1,2 milliards de dollars), de la Tanzanie (992,1 millions de dollars) et du Malawi (429,8 millions de dollars); mais inférieures à celles de la république démocratique du Congo (4,2 milliards de dollars), de l'Angola (2,5 milliards de dollars) et du Zimbabwe (1,9 milliards de dollars). Les importations par habitant en Zambie étaient supérieures à celles de l'Angola (250,5 de dollars), du Zimbabwe (212,2 de dollars), de la RDC (140,8 de dollars), du Mozambique (96,7 de dollars), du Malawi (58,3 de dollars) et de la Tanzanie (46,4 de dollars). La croissance des importations en Zambie était inférieure à celle de la république démocratique du Congo (12,1%), du Zimbabwe (7,8%), de la Tanzanie (6,0%), du Mozambique (0,13%), du Malawi (-0,14%) et de l'Angola (-1,3%).

Comparaison avec les leaders. Les importations de la Zambie étaient inférieures à celles des États-Unis (417,2 milliards de dollars), de l'Allemagne (225,6 milliards de dollars), du Japon (175,9 milliards de dollars), de la France (162,0 milliards de dollars) et du Royaume-Uni (157,7 milliards de dollars). Les importations par habitant en Zambie étaient inférieures à celles de l'Allemagne (2 891,9 de dollars), de la France (2 867,2 de dollars), du Royaume-Uni (2 793,0 de dollars), des États-Unis (1 742,4 de dollars) et du Japon (1 450,4 de dollars). La croissance des importations en Zambie était inférieure à celle des États-Unis (5,8%), du Royaume-Uni (5,1%), du Japon (4,6%), de la France (4,3%) et de l'Allemagne (3,3%).

Les années 1990

Les importations de la Zambie étaient de 1,6 milliards de dollars par an dans les années 1990, au 123ème rang mondial à égalité avec la république du Congo (1,6 milliards de dollars), le Sénégal (1,5 milliards de dollars). La part dans le monde était de 0,027% et de 1,0% en Afrique.

La part des importations dans le PIB de la Zambie était de 43,3% dans les années 1990, au 89ème rang mondial, à égalité avec la Moldavie (43,4%), la Géorgie (43,0%), la Mongolie (43,6%).

Les importations par habitant en Zambie étaient de 172.9 dollars dans les années 1990, se situant au 171ème rang mondial. Les importations par habitant en Zambie étaient 5,9 fois inférieures les importations par habitant au Monde (1 015,5 US$), et 18,2% inférieures les importations par habitant en Afrique (211,4 US$).

La croissance des importations en Zambie était de 11% dans les années 1990, se situant au 21ème rang mondial. La croissance des importations en Zambie (11,0%) a été supérieure à celle du monde (6,6%), et supérieure à celle de l'Afrique (3,8%).

Comparaison avec les voisins. La valeur des importations en Zambie était supérieure à celle du Mozambique (1,4 milliards de dollars) et du Malawi (696,5 millions de dollars); mais inférieure à celle de l'Angola (7,1 milliards de dollars), du Zimbabwe (3,1 milliards de dollars), de la république démocratique du Congo (2,4 milliards de dollars) et de la Tanzanie (1,7 milliards de dollars). Les importations par habitant en Zambie étaient supérieures à celles du Mozambique (95,1 de dollars), du Malawi (69,8 de dollars), de la Tanzanie (59,4 de dollars) et de la république démocratique du Congo (58,9 de dollars); mais inférieures à celles de l'Angola (515,4 de dollars) et du Zimbabwe (272,4 de dollars). La croissance des importations en Zambie était supérieure à celle de la Tanzanie (6,0%), du Mozambique (4,4%), du Malawi (3,5%) et de la RDC (0,49%); mais inférieure à celle du Zimbabwe (17,8%) et de l'Angola (12,8%).

Comparaison avec les leaders. Les importations de la Zambie étaient inférieures à celles des États-Unis (874,1 milliards de dollars), de l'Allemagne (501,6 milliards de dollars), du Japon (355,9 milliards de dollars), du Royaume-Uni (330,2 milliards de dollars) et de la France (308,5 milliards de dollars). Les importations par habitant en Zambie étaient inférieures à celles de l'Allemagne (6 220,3 de dollars), du Royaume-Uni (5 705,3 de dollars), de la France (5 194,4 de dollars), des États-Unis (3 305,6 de dollars) et du Japon (2 822,9 de dollars). La croissance des importations en Zambie était supérieure à celle des États-Unis (8,3%), de l'Allemagne (6,4%), de la France (5,1%), du Royaume-Uni (5,1%) et du Japon (3,3%).

Les années 2000

La valeur des importations en Zambie était de 3,0 milliards de dollars par an dans les années 2000, se situant au 130ème rang mondial. La part dans le monde était de 0,025% et de 0,91% en Afrique.

La structure des importations: produits primaires (13,0%), articles manufacturés provenant de ressources naturelles (21,9%), articles manufacturés à faible technologie (11,5%), articles manufacturés de technologie moyenne (39,9%), articles manufacturés à haute technologie (10,3%).

Chapitre XI. Importations

La Zambie a importé des marchandises en provenance l'Afrique du Sud (45,5%), la république démocratique du Congo (7,7%), les Émirats arabes unis (6,3%), le Zimbabwe (5,1%), la Chine (4,5%) et d'autres pays (30,9%).

La part des importations dans le PIB de la Zambie était de 33,2% dans les années 2000, au 144ème rang mondial, à égalité avec le Canada (33,2%), l'Europe du Nord (33,2%), l'Allemagne (33,1%).

Les importations par habitant en Zambie étaient de 258.1 dollars dans les années 2000, se classant au 175ème rang mondial, à égalité avec le Tchad (263,5 de dollars). Les importations par habitant en Zambie étaient 7,4 fois inférieures les importations par habitant au Monde (1 899,9 US$), et 30,1% inférieures les importations par habitant en Afrique (369,3 US$).

La croissance des importations en Zambie était de 11.4% dans les années 2000, se classant au 24ème rang mondial. La croissance des importations en Zambie (11,4%) a été supérieure à celle du monde (5,1%), et supérieure à celle de l'Afrique (7,6%).

Comparaison avec les voisins. La valeur des importations en Zambie était supérieure à celle du Malawi (1,4 milliards de dollars); mais inférieure à celle de l'Angola (18,8 milliards de dollars), de la Tanzanie (4,2 milliards de dollars), de la RDC (3,9 milliards de dollars), du Zimbabwe (3,3 milliards de dollars) et du Mozambique (3,2 milliards de dollars). Les importations par habitant en Zambie étaient supérieures à celles du Mozambique (158,8 de dollars), de la Tanzanie (111,6 de dollars), du Malawi (109,4 de dollars) et de la république démocratique du Congo (71,4 de dollars); mais inférieures à celles de l'Angola (977,0 de dollars) et du Zimbabwe (271,4 de dollars). La croissance des importations en Zambie était supérieure à celle du Mozambique (10,2%), du Malawi (9,1%), de l'Angola (3,8%) et du Zimbabwe (2,7%); mais inférieure à celle de la Tanzanie (13,8%) et de la république démocratique du Congo (12,8%).

Comparaison avec les leaders. La valeur des importations en Zambie était inférieure à celle des États-Unis (1,9 billions de dollars), de l'Allemagne (914,7 milliards de dollars), du Royaume-Uni (641,8 milliards de dollars), de la Chine (641,1 milliards de dollars) et du Japon (566,4 milliards de dollars). Les importations par habitant en Zambie étaient inférieures à celles de l'Allemagne (11 237,8 de dollars), du Royaume-Uni (10 620,4 de dollars), des États-Unis (6 400,9 de dollars), du Japon (4 418,9 de dollars) et de la Chine (483,3 de dollars). La croissance des importations en Zambie était supérieure à celle de l'Allemagne (3,7%), du Royaume-Uni (3,1%), des États-Unis (2,8%) et du Japon (1,8%); mais inférieure à celle de la Chine (15,1%).

Les années 2010

La valeur des importations en Zambie était de 9,3 milliards de dollars par an dans les années 2010, se situant au 112ème rang mondial. La part dans le monde était de 0,042% et de 1,4% en Afrique.

La structure des importations: produits primaires (9,6%), articles manufacturés provenant de ressources naturelles (29,7%), articles manufacturés à faible technologie (11,5%), articles manufacturés de technologie moyenne (37,6%), articles manufacturés à haute technologie (9,8%).

La Zambie a importé des marchandises en provenance l'Afrique du Sud (34,1%), la république démocratique du Congo (19,1%), la Chine (9,3%), le Koweït (5,9%), les Émirats arabes unis (5,1%) et d'autres pays (26,5%).

La part des importations dans le PIB de la Zambie était de 38,7% dans les années 2010, au 124ème rang mondial, à égalité avec les Caraïbes (38,7%), l'Europe du Nord (38,4%), la Finlande (38,4%).

Les importations par habitant en Zambie étaient de 595.9 dollars dans les années 2010, se classant au 167ème rang mondial, à égalité avec le Soudan du Sud (595,1 de dollars), l'Afrique (592,1 de dollars). Les importations par habitant en Zambie étaient 5,1 fois inférieures les importations par habitant au Monde (3 015,6 US$), et 0,64% supérieures les importations par habitant en Afrique (592,1 US$).

La croissance des importations en Zambie était de 6.8% dans les années 2010, au 42ème rang mondial. La croissance des importations en Zambie (6,8%) a été supérieure à celle du monde (4,4%), et supérieure à celle de l'Afrique (2,0%).

Comparaison avec les voisins. La valeur des importations en Zambie était 31,7% supérieure à celle du Zimbabwe (7,1 milliards de dollars) et 3,5 fois supérieure à celle du Malawi (2,7 milliards de dollars); mais 3,9 fois inférieure à celle de l'Angola (36,9 milliards de dollars), 30,9% inférieure à celle de la république démocratique du Congo (13,5 milliards de dollars), 17,9% inférieure à celle de la Tanzanie (11,4 milliards de dollars) et 8,0% inférieure à celle du Mozambique (10,1 milliards de dollars). Les importations par habitant en Zambie étaient 15,0% supérieures à celles du Zimbabwe (518,2 de dollars), 57,2% supérieures à celles du Mozambique (379,0 de dollars), 2,7 fois supérieures à celles de la Tanzanie (223,5 de dollars), 3,3 fois supérieures à celles de la république démocratique du Congo (179,5 de dollars) et 3,7 fois supérieures à celles du Malawi (162,8 de dollars); mais 2,3 fois inférieures à celles de l'Angola (1

341,8 de dollars). La croissance des importations en Zambie était supérieure à celle du Zimbabwe (4,7%), de la Tanzanie (4,2%), du Malawi (2,3%) et de l'Angola (-6,4%); mais inférieure à celle du Mozambique (11,5%) et de la RDC (10,6%).

Comparaison avec les leaders. La valeur des importations en Zambie était 301,6 fois inférieure à celle des États-Unis (2,8 billions de dollars), 221,5 fois inférieure à celle de la Chine (2,1 billions de dollars), 155,8 fois inférieure à celle de l'Allemagne (1,5 billions de dollars), 94,0 fois inférieure à celle du Japon (877,9 milliards de dollars) et 91,5 fois inférieure à celle du Royaume-Uni (854,8 milliards de dollars). Les importations par habitant en Zambie étaient 29,8 fois inférieures à celles de l'Allemagne (17 771,2 de dollars), 21,9 fois inférieures à celles du Royaume-Uni (13 030,6 de dollars), 14,8 fois inférieures à celles des États-Unis (8 817,8 de dollars), 11,5 fois inférieures à celles du Japon (6 862,7 de dollars) et 2,5 fois inférieures à celles de la Chine (1 475,4 de dollars). La croissance des importations en Zambie était supérieure à celle de l'Allemagne (4,8%), des États-Unis (4,4%), du Japon (3,8%) et du Royaume-Uni (3,6%); mais inférieure à celle de la Chine (8,2%).

Partie IV. Consommation

Chapitre XII. Dépenses publiques

Dépenses de consommation des administrations publiques

Les dépense de consommation publique de la Zambie sont passés de 755,8 millions de dollars par an dans les années 1970 à 3,1 milliards de dollars par an dans les années 2010, c'est-à-dire 2,4 milliards de dollars ou de 4,1 fois. La variation a été de 307,2 millions de dollars en raison de l'augmentation de 1,1 fois des prix, et de 397,9 millions de dollars en raison de la croissance du taux par habitant de 1,2 fois, et de 1,7 milliards de dollars en raison de la croissance démographique. La croissance annuelle moyenne des dépenses publiques était de 3,7%. La valeur minimale était de 188,0 millions de dollars en 2000. La valeur maximale était de 3,9 milliards de dollars en 2014.

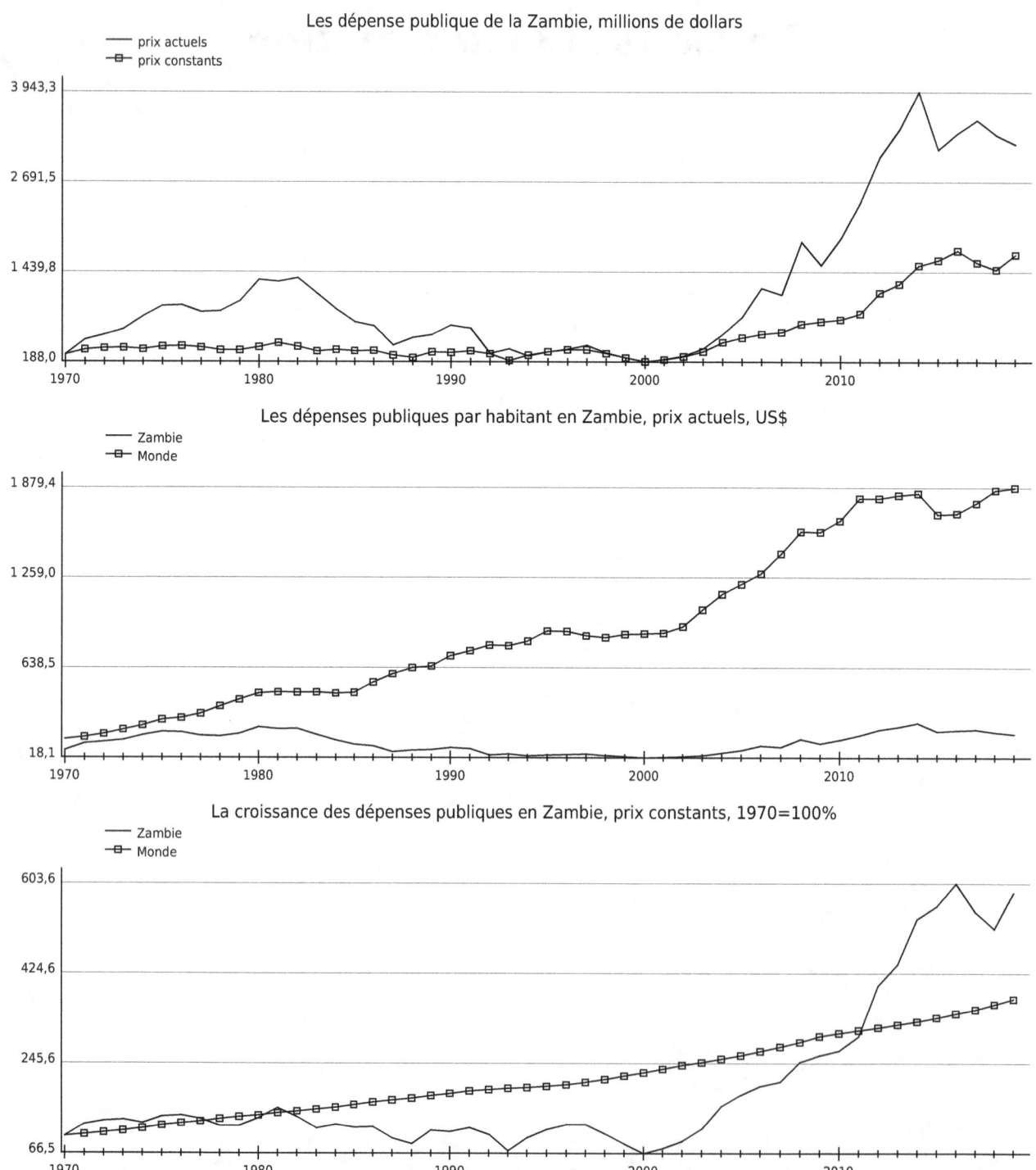

Chapitre XII. Dépenses publiques

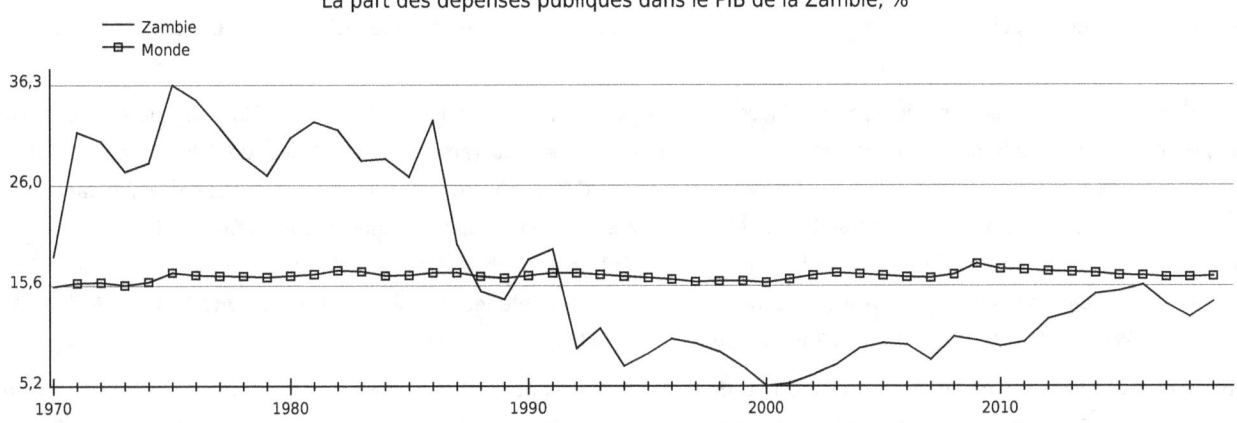

La part des dépenses publiques dans le PIB de la Zambie, %

Les années 1970

Les dépense de consommation publique de la Zambie étaient de 755,8 millions de dollars par an dans les années 1970, se classant au 65ème rang mondial. La part dans le monde était de 0,071% et de 2,4% en Afrique.

La part des dépenses publiques dans le PIB de la Zambie était de 29,8% dans les années 1970, se classant au 13ème rang mondial, à égalité avec la Guinée équatoriale (29,5%).

Les dépense publique par habitant en Zambie étaient de 154.8 dollars dans les années 1970, au 88ème rang mondial, à égalité avec la Turquie (153,2 de dollars), les Îles Vierges britanniques (151,1 de dollars). Les dépense publique par habitant en Zambie étaient 41,6% inférieures les dépense publique par habitant au Monde (265,2 US$), et 2,0 fois supérieures les dépenses publiques par habitant en Afrique (77,1 US$).

La croissance des dépenses publiques en Zambie était de 2.2% dans les années 1970, se situant au 162ème rang mondial, à égalité avec la Suisse (2,2%). La croissance des dépenses publiques en Zambie (2,2%) a été inférieure à celle du monde (3,7%), et inférieure à celle de l'Afrique (4,9%).

Comparaison avec les voisins. Les dépense de consommation publique de la Zambie étaient supérieures à celles du Malawi (118,6 millions de dollars); mais inférieures à celles de la RDC (2,0 milliards de dollars), de la Tanzanie (1,7 milliards de dollars), de l'Angola (1,3 milliards de dollars), du Mozambique (978,5 millions de dollars) et du Zimbabwe (878,7 millions de dollars). Les dépense publique par habitant en Zambie étaient supérieures à celles du Zimbabwe (141,7 de dollars), de la Tanzanie (106,6 de dollars), du Mozambique (96,9 de dollars), de la RDC (87,0 de dollars) et du Malawi (22,2 de dollars); mais inférieures à celles de l'Angola (187,8 de dollars). La croissance des dépenses publiques en Zambie était supérieure à celle de l'Angola (0,84%) et de la RDC (-4,6%); mais inférieure à celle du Zimbabwe (11,8%), du Malawi (9,9%), de la Tanzanie (6,8%) et du Mozambique (4,2%).

Comparaison avec les leaders. Les dépense de consommation publique de la Zambie étaient inférieures à celles des États-Unis (285,9 milliards de dollars), de l'URSS (117,3 milliards de dollars), de l'Allemagne (95,6 milliards de dollars), du Japon (78,0 milliards de dollars) et de la France (64,5 milliards de dollars). Les dépense de consommation publique par habitant en Zambie étaient inférieures à celles des États-Unis (1 310,2 de dollars), de l'Allemagne (1 213,7 de dollars), de la France (1 202,3 de dollars), du Japon (700,2 de dollars) et de l'URSS (465,0 de dollars). La croissance des dépenses publiques en Zambie était supérieure à celle des États-Unis (0,94%); mais inférieure à celle de l'URSS (7,2%), du Japon (5,3%), de la France (5,0%) et de l'Allemagne (4,4%).

Les années 1980

Les dépenses publiques de la Zambie étaient de 897,7 millions de dollars par an dans les années 1980, se situant au 82ème rang mondial à égalité avec le Mozambique (887,0 millions de dollars). La part dans le monde était de 0,035% et de 1,3% en Afrique.

La part des dépenses publiques dans le PIB de la Zambie était de 26,2% dans les années 1980, se situant au 30ème rang mondial, à égalité avec la Polynésie (26,3%), la Polynésie française (26,3%).

Les dépenses publiques par habitant en Zambie étaient de 131.6 dollars dans les années 1980, au 130ème rang mondial, à égalité avec le Maroc (132,6 de dollars), la Tanzanie (134,7 de dollars). Les dépense de consommation publique par habitant en Zambie étaient 4,0 fois inférieures les dépense publique par habitant au Monde (523,5 US$), et 2,6% supérieures les dépense de consommation publique par habitant en Afrique (128,3 US$).

La croissance des dépenses publiques en Zambie était de -0.8% dans les années 1980, se classant au 167ème rang mondial. La croissance des dépenses publiques en Zambie (-0,76%) a été inférieure à celle du monde (2,7%), et inférieure à celle de l'Afrique (1,8%).

Comparaison avec les voisins. Les dépenses publiques de la Zambie étaient supérieures à celles du Mozambique (887,0 millions de dollars) et du Malawi (272,5 millions de dollars); mais inférieures à celles de la Tanzanie (2,9 milliards de dollars), du Zimbabwe (2,7 milliards de dollars), de l'Angola (2,7 milliards de dollars) et de la RDC (1,6 milliards de dollars). Les dépense publique par habitant en Zambie étaient supérieures à celles du Mozambique (71,1 de dollars), de la république démocratique du Congo (54,4 de dollars) et du Malawi (37,0 de dollars); mais inférieures à celles du Zimbabwe (311,6 de dollars), de l'Angola (271,6 de dollars) et de la Tanzanie (134,7 de dollars). La croissance des dépenses publiques en Zambie était inférieure à celle du Zimbabwe (7,1%), du Malawi (5,0%), de l'Angola (2,3%), de la RDC (1,00%), de la Tanzanie (0,33%) et du Mozambique (-0,12%).

Comparaison avec les leaders. Les dépense publique de la Zambie étaient inférieures à celles des États-Unis (665,3 milliards de dollars), du Japon (257,4 milliards de dollars), de l'Allemagne (203,7 milliards de dollars), de l'URSS (181,1 milliards de dollars) et de la France (159,8 milliards de dollars). Les dépense publique par habitant en Zambie étaient inférieures à celles de la France (2 826,9 de dollars), des États-Unis (2 778,2 de dollars), de l'Allemagne (2 611,1 de dollars), du Japon (2 122,5 de dollars) et de l'URSS (658,0 de dollars). La croissance des dépenses publiques en Zambie était inférieure à celle de l'URSS (5,4%), du Japon (3,5%), de la France (2,8%), des États-Unis (2,6%) et de l'Allemagne (0,98%).

Les années 1990

Les dépenses publiques de la Zambie étaient de 394,9 millions de dollars par an dans les années 1990, se classant au 139ème rang mondial. La part dans le monde était de 0,0084% et de 0,44% en Afrique.

La part des dépenses publiques dans le PIB de la Zambie était de 11,0% dans les années 1990, se situant au 167ème rang mondial, à égalité avec Macao (10,9%), la Birmanie (10,9%).

Les dépense de consommation publique par habitant en Zambie étaient de 43.8 dollars dans les années 1990, au 183ème rang mondial. Les dépense de consommation publique par habitant en Zambie étaient 18,9 fois inférieures les dépenses publiques par habitant au Monde (824,8 US$), et 2,9 fois inférieures les dépense de consommation publique par habitant en Afrique (126,1 US$).

La croissance des dépenses publiques en Zambie était de -2.8% dans les années 1990, se situant au 185ème rang mondial, à égalité avec la Russie (-2,7%). La croissance des dépenses publiques en Zambie (-2,8%) a été inférieure à celle du monde (2,0%), et inférieure à celle de l'Afrique (1,6%).

Comparaison avec les voisins. Les dépense publique de la Zambie étaient supérieures à celles du Malawi (371,4 millions de dollars); mais inférieures à celles de l'Angola (4,4 milliards de dollars), du Zimbabwe (2,6 milliards de dollars), de la république démocratique du Congo (1,3 milliards de dollars), de la Tanzanie (1,2 milliards de dollars) et du Mozambique (592,1 millions de dollars). Les dépense publique par habitant en Zambie étaient supérieures à celles de la Tanzanie (40,5 de dollars), du Mozambique (39,1 de dollars), du Malawi (37,2 de dollars) et de la RDC (33,1 de dollars); mais inférieures à celles de l'Angola (317,0 de dollars) et du Zimbabwe (229,5 de dollars). La croissance des dépenses publiques en Zambie était supérieure à celle du Zimbabwe (-2,9%) et de la RDC (-17,0%); mais inférieure à celle de l'Angola (3,5%), du Mozambique (2,8%), du Malawi (0,19%) et de la Tanzanie (-1,5%).

Comparaison avec les leaders. Les dépenses publiques de la Zambie étaient inférieures à celles des États-Unis (1,1 billions de dollars), du Japon (651,8 milliards de dollars), de l'Allemagne (419,6 milliards de dollars), de la France (325,4 milliards de dollars) et du Royaume-Uni (234,6 milliards de dollars). Les dépense publique par habitant en Zambie étaient inférieures à celles de la France (5 479,6 de dollars), de l'Allemagne (5 203,8 de dollars), du Japon (5 169,1 de dollars), des États-Unis (4 287,3 de dollars) et du Royaume-Uni (4 053,6 de dollars). La croissance des dépenses publiques en Zambie était inférieure à celle du Japon (3,0%), de l'Allemagne (2,4%), du Royaume-Uni (2,1%), de la France (1,8%) et des États-Unis (1,3%).

Les années 2000

Les dépense de consommation publique de la Zambie étaient de 814,8 millions de dollars par an dans les années 2000, se situant au 137ème rang mondial à égalité avec le Kosovo (821,4 millions de dollars), l'Albanie (828,9 millions de dollars), l'Afghanistan (796,1 millions de dollars). La part dans le monde était de 0,010% et de 0,55% en Afrique.

La part des dépenses publiques dans le PIB de la Zambie était de 8,9% dans les années 2000, se classant au 191ème rang mondial.

Chapitre XII. Dépenses publiques

Les dépense publique par habitant en Zambie étaient de 69.4 dollars dans les années 2000, se classant au 179ème rang mondial, à égalité avec le Mozambique (68,0 de dollars). Les dépense publique par habitant en Zambie étaient 17,3 fois inférieures les dépense de consommation publique par habitant au Monde (1 200,9 US$), et 2,4 fois inférieures les dépense publique par habitant en Afrique (164,8 US$).

La croissance des dépenses publiques en Zambie était de 11.9% dans les années 2000, se situant au 8ème rang mondial. La croissance des dépenses publiques en Zambie (11,9%) a été supérieure à celle du monde (3,1%), et supérieure à celle de l'Afrique (5,0%).

Comparaison avec les voisins. Les dépense de consommation publique de la Zambie étaient supérieures à celles du Malawi (462,9 millions de dollars); mais inférieures à celles de l'Angola (7,1 milliards de dollars), de la Tanzanie (2,1 milliards de dollars), du Mozambique (1,4 milliards de dollars), du Zimbabwe (1,1 milliards de dollars) et de la RDC (922,3 millions de dollars). Les dépense publique par habitant en Zambie étaient supérieures à celles du Mozambique (68,0 de dollars), de la Tanzanie (55,4 de dollars), du Malawi (36,9 de dollars) et de la république démocratique du Congo (17,0 de dollars); mais inférieures à celles de l'Angola (371,3 de dollars) et du Zimbabwe (89,5 de dollars). La croissance des dépenses publiques en Zambie était supérieure à celle du Mozambique (10,7%), de la Tanzanie (10,0%), de la RDC (7,7%), du Malawi (7,2%), de l'Angola (-0,033%) et du Zimbabwe (-1,9%).

Comparaison avec les leaders. Les dépense publique de la Zambie étaient inférieures à celles des États-Unis (1,9 billions de dollars), du Japon (844,2 milliards de dollars), de l'Allemagne (520,1 milliards de dollars), de la France (479,9 milliards de dollars) et du Royaume-Uni (453,4 milliards de dollars). Les dépense de consommation publique par habitant en Zambie étaient inférieures à celles de la France (7 640,9 de dollars), du Royaume-Uni (7 501,5 de dollars), du Japon (6 586,4 de dollars), des États-Unis (6 545,9 de dollars) et de l'Allemagne (6 389,7 de dollars). La croissance des dépenses publiques en Zambie était supérieure à celle du Royaume-Uni (2,9%), des États-Unis (2,2%), du Japon (1,7%), de la France (1,7%) et de l'Allemagne (1,4%).

Les années 2010

Les dépense de consommation publique de la Zambie étaient de 3,1 milliards de dollars par an dans les années 2010, se situant au 116ème rang mondial à égalité avec la Namibie (3,2 milliards de dollars), le Honduras (3,1 milliards de dollars). La part dans le monde était de 0,024% et de 0,95% en Afrique.

La part des dépenses publiques dans le PIB de la Zambie était de 13,0% dans les années 2010, se situant au 154ème rang mondial, à égalité avec la Mongolie (13,0%), le Suriname (12,9%).

Les dépense publique par habitant en Zambie étaient de 199.8 dollars dans les années 2010, se situant au 168ème rang mondial, à égalité avec la Côte d'Ivoire (197,8 de dollars), la Syrie (197,2 de dollars). Les dépenses publiques par habitant en Zambie étaient 8,9 fois inférieures les dépense publique par habitant au Monde (1 785,1 US$), et 28,9% inférieures les dépense publique par habitant en Afrique (281,0 US$).

La croissance des dépenses publiques en Zambie était de 8.4% dans les années 2010, au 14ème rang mondial, à égalité avec le Mali (8,5%). La croissance des dépenses publiques en Zambie (8,4%) a été supérieure à celle du monde (2,3%), et supérieure à celle de l'Afrique (3,0%).

Comparaison avec les voisins. Les dépense publique de la Zambie étaient 5,0 fois supérieures à celles du Malawi (622,4 millions de dollars); mais 5,9 fois inférieures à celles de l'Angola (18,4 milliards de dollars), 29,6% inférieures à celles de la Tanzanie (4,4 milliards de dollars), 18,5% inférieures à celles du Zimbabwe (3,8 milliards de dollars), 10,4% inférieures à celles de la république démocratique du Congo (3,5 milliards de dollars) et 7,5% inférieures à celles du Mozambique (3,4 milliards de dollars). Les dépense de consommation publique par habitant en Zambie étaient 58,1% supérieures à celles du Mozambique (126,4 de dollars), 2,3 fois supérieures à celles de la Tanzanie (87,4 de dollars), 4,3 fois supérieures à celles de la république démocratique du Congo (46,4 de dollars) et 5,3 fois supérieures à celles du Malawi (37,6 de dollars); mais 3,3 fois inférieures à celles de l'Angola (667,7 de dollars) et 28,8% inférieures à celles du Zimbabwe (280,8 de dollars). La croissance des dépenses publiques en Zambie était supérieure à celle de la RDC (3,6%), de la Tanzanie (3,5%), du Malawi (1,2%) et de l'Angola (1,0%); mais inférieure à celle du Zimbabwe (16,2%) et du Mozambique (10,9%).

Comparaison avec les leaders. Les dépense de consommation publique de la Zambie étaient 847,2 fois inférieures à celles des États-Unis (2,7 billions de dollars), 536,2 fois inférieures à celles de la Chine (1,7 billions de dollars), 333,0 fois inférieures à celles du Japon (1,0 billions de dollars), 230,4 fois inférieures à celles de l'Allemagne (721,6 milliards de dollars) et 203,7 fois inférieures à celles de la France (637,9 milliards de dollars). Les dépense de consommation publique par habitant en Zambie étaient 48,1 fois inférieures à celles de la France (9 617,6 de dollars), 44,1 fois inférieures à celles de l'Allemagne (8 815,0 de dollars), 41,6 fois inférieures à celles des États-Unis (8 304,9 de dollars), 40,8 fois inférieures à celles du Japon (8 152,8 de dollars) et 6,0 fois inférieures à celles de la Chine (1 197,3 de dollars). La croissance des dépenses publiques en Zambie était supérieure à celle de la Chine (8,3%), de l'Allemagne (1,9%), du Japon (1,3%), de la France (1,3%) et des États-Unis (0,0052%).

Chapitre XIII. Dépenses ménagères

Dépenses de consommation des ménages

Les dépenses ménagères de la Zambie sont passés de 1,5 milliards de dollars par an dans les années 1970 à 12,3 milliards de dollars par an dans les années 2010, c'est-à-dire 10,8 milliards de dollars ou de 8,3 fois. La variation a été de 8,4 milliards de dollars en raison de l'augmentation de 3,2 fois des prix, et de -899,1 millions de dollars en raison de la baisse du taux par habitant de 1,2 fois, et de 3,3 milliards de dollars en raison de la croissance démographique. La croissance annuelle moyenne des dépenses ménagères était de 2,2%. La valeur minimale était de 729,0 millions de dollars en 1970. La valeur maximale était de 14,6 milliards de dollars en 2013.

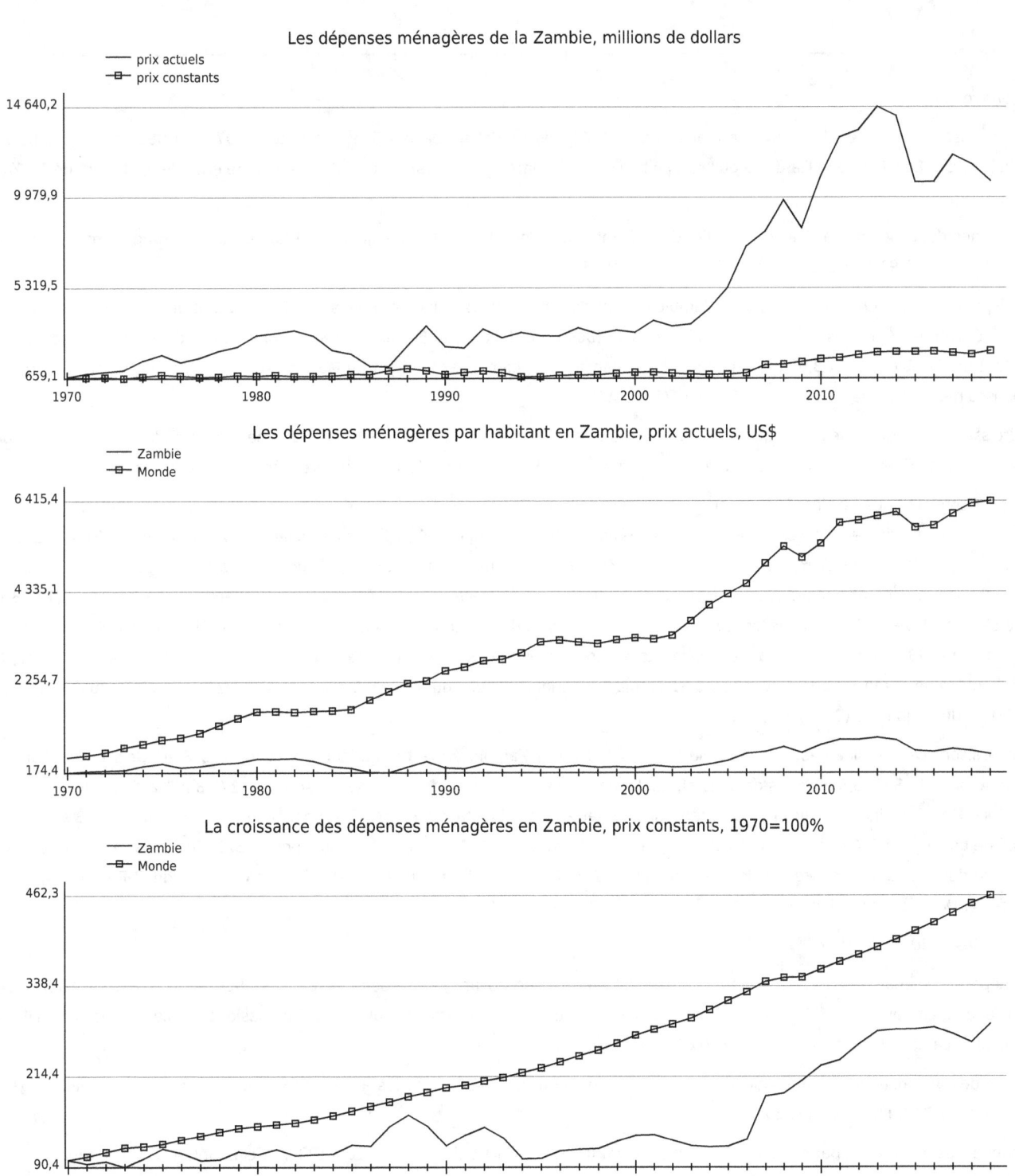

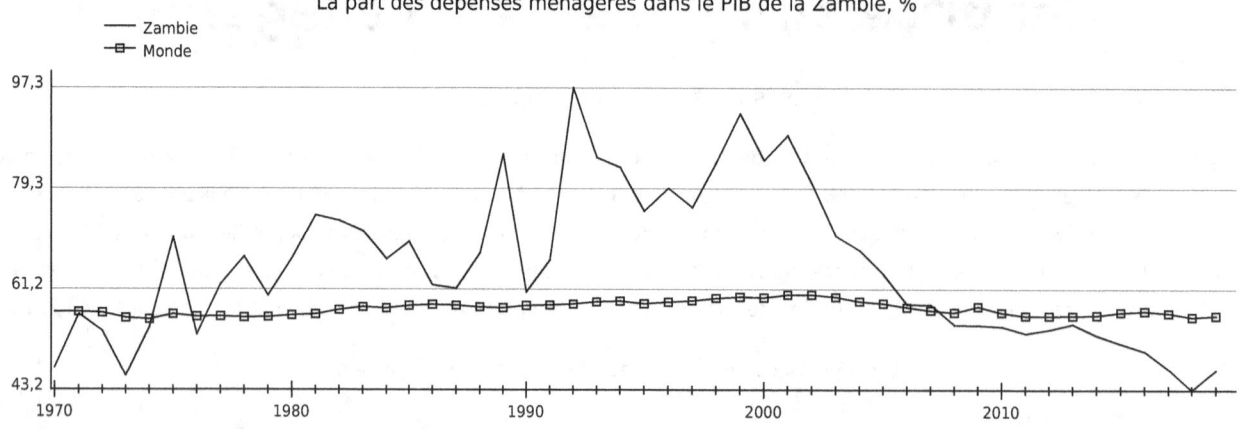

Les années 1970

Les dépenses ménagères de la Zambie étaient de 1,5 milliards de dollars par an dans les années 1970, au 90ème rang mondial à égalité avec la Bolivie (1,5 milliards de dollars), l'Albanie (1,5 milliards de dollars). La part dans le monde était de 0,040% et de 1,3% en Afrique.

La part des dépenses ménagères dans le PIB de la Zambie était de 58,0% dans les années 1970, au 123ème rang mondial, à égalité avec l'Albanie (57,9%), la Côte d'Ivoire (57,9%), la Grèce (58,3%).

Les dépenses ménagères par habitant en Zambie étaient de 301.8 dollars dans les années 1970, se situant au 132ème rang mondial, à égalité avec les Comores (300,4 de dollars), l'Angola (304,0 de dollars), la Bolivie (298,8 de dollars). Les dépenses ménagères par habitant en Zambie étaient 3,0 fois inférieures les dépenses ménagères par habitant au Monde (914,8 US$), et 11,4% supérieures les dépenses ménagères par habitant en Afrique (271,0 US$).

La croissance des dépenses ménagères en Zambie était de 1.2% dans les années 1970, au 160ème rang mondial. La croissance des dépenses ménagères en Zambie (1,2%) a été inférieure à celle du monde (4,1%), et inférieure à celle de l'Afrique (4,1%).

Comparaison avec les voisins. Les dépenses ménagères de la Zambie étaient supérieures à celles du Malawi (765,8 millions de dollars); mais inférieures à celles de la république démocratique du Congo (6,0 milliards de dollars), du Mozambique (4,6 milliards de dollars), de la Tanzanie (2,7 milliards de dollars), du Zimbabwe (2,7 milliards de dollars) et de l'Angola (2,1 milliards de dollars). Les dépenses ménagères par habitant en Zambie étaient supérieures à celles de la RDC (263,3 de dollars), de la Tanzanie (171,3 de dollars) et du Malawi (143,3 de dollars); mais inférieures à celles du Mozambique (458,6 de dollars), du Zimbabwe (433,0 de dollars) et de l'Angola (304,0 de dollars). La croissance des dépenses ménagères en Zambie était supérieure à celle de l'Angola (-0,038%) et de la république démocratique du Congo (-0,61%); mais inférieure à celle du Malawi (5,4%), de la Tanzanie (4,2%), du Mozambique (3,9%) et du Zimbabwe (3,5%).

Comparaison avec les leaders. Les dépenses ménagères de la Zambie étaient inférieures à celles des États-Unis (1,0 billions de dollars), de l'URSS (310,6 milliards de dollars), du Japon (280,9 milliards de dollars), de l'Allemagne (277,8 milliards de dollars) et de la France (180,7 milliards de dollars). Les dépenses ménagères par habitant en Zambie étaient inférieures à celles des États-Unis (4 744,5 de dollars), de l'Allemagne (3 527,2 de dollars), de la France (3 371,0 de dollars), du Japon (2 523,0 de dollars) et de l'URSS (1 231,6 de dollars). La croissance des dépenses ménagères en Zambie était inférieure à celle du Japon (5,1%), de l'URSS (4,7%), de la France (4,0%), des États-Unis (3,6%) et de l'Allemagne (3,6%).

Les années 1980

Les dépenses ménagères de la Zambie étaient de 2,4 milliards de dollars par an dans les années 1980, se classant au 99ème rang mondial à égalité avec l'Islande (2,4 milliards de dollars), le Népal (2,4 milliards de dollars), la Papouasie-Nouvelle-Guinée (2,5 milliards de dollars). La part dans le monde était de 0,028% et de 0,90% en Afrique.

La part des dépenses ménagères dans le PIB de la Zambie était de 70,9% dans les années 1980, au 64ème rang mondial, à égalité avec l'Est (71,3%), l'Uruguay (71,5%).

Les dépenses ménagères par habitant en Zambie étaient de 355.7 dollars dans les années 1980, se classant au 146ème rang mondial, à égalité avec le Pakistan (356,3 de dollars), le Salvador (354,2 de dollars), l'Asie du Sud-Est (358,3 de dollars). Les dépenses

Chapitre XIII. Dépenses ménagères

ménagères par habitant en Zambie étaient 5,1 fois inférieures les dépenses ménagères par habitant au Monde (1 808,0 US$), et 28,5% inférieures les dépenses ménagères par habitant en Afrique (497,8 US$).

La croissance des dépenses ménagères en Zambie était de 2.8% dans les années 1980, se classant au 99ème rang mondial, à égalité avec le Gabon (2,8%), le Chili (2,8%), la Colombie (2,8%). La croissance des dépenses ménagères en Zambie (2,8%) a été inférieure à celle du monde (3,0%), et supérieure à celle de l'Afrique (2,3%).

Comparaison avec les voisins. Les dépenses ménagères de la Zambie étaient supérieures à celles du Malawi (1,7 milliards de dollars); mais inférieures à celles de la république démocratique du Congo (6,6 milliards de dollars), de la Tanzanie (5,9 milliards de dollars), du Zimbabwe (5,7 milliards de dollars), du Mozambique (5,5 milliards de dollars) et de l'Angola (3,9 milliards de dollars). Les dépenses ménagères par habitant en Zambie étaient supérieures à celles de la Tanzanie (275,2 de dollars), du Malawi (226,6 de dollars) et de la république démocratique du Congo (223,8 de dollars); mais inférieures à celles du Zimbabwe (648,1 de dollars), du Mozambique (438,1 de dollars) et de l'Angola (398,8 de dollars). La croissance des dépenses ménagères en Zambie était supérieure à celle du Malawi (2,7%) et du Mozambique (0,12%); mais inférieure à celle de la Tanzanie (8,6%), de l'Angola (3,4%), de la république démocratique du Congo (3,1%) et du Zimbabwe (3,0%).

Comparaison avec les leaders. Les dépenses ménagères de la Zambie étaient inférieures à celles des États-Unis (2,6 billions de dollars), du Japon (945,6 milliards de dollars), de l'Allemagne (575,7 milliards de dollars), de l'URSS (424,6 milliards de dollars) et du Royaume-Uni (416,5 milliards de dollars). Les dépenses ménagères par habitant en Zambie étaient inférieures à celles des États-Unis (10 904,4 de dollars), du Japon (7 796,6 de dollars), de l'Allemagne (7 378,3 de dollars), du Royaume-Uni (7 376,3 de dollars) et de l'URSS (1 542,8 de dollars). La croissance des dépenses ménagères en Zambie était supérieure à celle de l'Allemagne (1,8%); mais inférieure à celle du Japon (3,7%), du Royaume-Uni (3,5%), des États-Unis (3,2%) et de l'URSS (3,0%).

Les années 1990

Les dépenses ménagères de la Zambie étaient de 2,9 milliards de dollars par an dans les années 1990, se classant au 119ème rang mondial à égalité avec Madagascar (2,8 milliards de dollars). La part dans le monde était de 0,017% et de 0,76% en Afrique.

La part des dépenses ménagères dans le PIB de la Zambie était de 79,6% dans les années 1990, se classant au 38ème rang mondial, à égalité avec le Nicaragua (79,3%), le Mali (79,9%), l'Eswatini (80,1%).

Les dépenses ménagères par habitant en Zambie étaient de 317.8 dollars dans les années 1990, se situant au 173ème rang mondial. Les dépenses ménagères par habitant en Zambie étaient 9,3 fois inférieures les dépenses ménagères par habitant au Monde (2 963,9 US$), et 40,3% inférieures les dépenses ménagères par habitant en Afrique (532,7 US$).

La croissance des dépenses ménagères en Zambie était de -1.5% dans les années 1990, se situant au 177ème rang mondial. La croissance des dépenses ménagères en Zambie (-1,5%) a été inférieure à celle du monde (3,0%), et inférieure à celle de l'Afrique (2,6%).

Comparaison avec les voisins. Les dépenses ménagères de la Zambie étaient supérieures à celles du Malawi (2,4 milliards de dollars); mais inférieures à celles de la RDC (9,2 milliards de dollars), du Zimbabwe (6,8 milliards de dollars), de la Tanzanie (6,5 milliards de dollars), de l'Angola (4,9 milliards de dollars) et du Mozambique (3,3 milliards de dollars). Les dépenses ménagères par habitant en Zambie étaient supérieures à celles du Malawi (243,0 de dollars), de la RDC (226,5 de dollars), de la Tanzanie (223,3 de dollars) et du Mozambique (216,1 de dollars); mais inférieures à celles du Zimbabwe (606,1 de dollars) et de l'Angola (356,8 de dollars). La croissance des dépenses ménagères en Zambie était supérieure à celle de l'Angola (-2,1%) et de la RDC (-3,8%); mais inférieure à celle de la Tanzanie (4,1%), du Malawi (3,4%), du Mozambique (3,1%) et du Zimbabwe (1,9%).

Comparaison avec les leaders. Les dépenses ménagères de la Zambie étaient inférieures à celles des États-Unis (4,9 billions de dollars), du Japon (2,3 billions de dollars), de l'Allemagne (1,2 billions de dollars), du Royaume-Uni (884,5 milliards de dollars) et de la France (783,0 milliards de dollars). Les dépenses ménagères par habitant en Zambie étaient inférieures à celles des États-Unis (18 538,8 de dollars), du Japon (18 170,3 de dollars), du Royaume-Uni (15 280,6 de dollars), de l'Allemagne (15 158,9 de dollars) et de la France (13 185,2 de dollars). La croissance des dépenses ménagères en Zambie était inférieure à celle des États-Unis (3,4%), du Royaume-Uni (2,8%), de l'Allemagne (2,1%), du Japon (1,8%) et de la France (1,8%).

Les années 2000

Les dépenses ménagères de la Zambie étaient de 5,7 milliards de dollars par an dans les années 2000, se classant au 117ème rang mondial à égalité avec la Géorgie (5,8 milliards de dollars), les Bahamas (5,6 milliards de dollars). La part dans le monde était de 0,021% et de 0,85% en Afrique.

La part des dépenses ménagères dans le PIB de la Zambie était de 62,4% dans les années 2000, au 118ème rang mondial, à égalité avec la Namibie (62,4%), l'Indonésie (62,6%), la Pologne (62,8%).

Les dépenses ménagères par habitant en Zambie étaient de 485.5 dollars dans les années 2000, au 175ème rang mondial, à égalité avec l'Asie du Sud (484,0 de dollars), le Viêt Nam (480,4 de dollars), le Kenya (491,3 de dollars). Les dépenses ménagères par habitant en Zambie étaient 8,7 fois inférieures les dépenses ménagères par habitant au Monde (4 208,2 US$), et 34,0% inférieures les dépenses ménagères par habitant en Afrique (735,9 US$).

La croissance des dépenses ménagères en Zambie était de 5.2% dans les années 2000, au 66ème rang mondial, à égalité avec la Serbie (5,2%), l'Inde (5,2%). La croissance des dépenses ménagères en Zambie (5,2%) a été supérieure à celle du monde (3,0%), et inférieure à celle de l'Afrique (6,0%).

Comparaison avec les voisins. Les dépenses ménagères de la Zambie étaient supérieures à celles du Malawi (3,5 milliards de dollars); mais inférieures à celles de l'Angola (13,7 milliards de dollars), de la Tanzanie (12,7 milliards de dollars), de la RDC (10,8 milliards de dollars), du Zimbabwe (6,8 milliards de dollars) et du Mozambique (6,1 milliards de dollars). Les dépenses ménagères par habitant en Zambie étaient supérieures à celles de la Tanzanie (333,8 de dollars), du Mozambique (299,9 de dollars), du Malawi (278,4 de dollars) et de la république démocratique du Congo (198,2 de dollars); mais inférieures à celles de l'Angola (712,9 de dollars) et du Zimbabwe (562,8 de dollars). La croissance des dépenses ménagères en Zambie était supérieure à celle du Zimbabwe (4,0%), du Malawi (3,6%) et de la RDC (3,3%); mais inférieure à celle de l'Angola (7,7%), du Mozambique (7,2%) et de la Tanzanie (5,6%).

Comparaison avec les leaders. Les dépenses ménagères de la Zambie étaient inférieures à celles des États-Unis (8,5 billions de dollars), du Japon (2,6 billions de dollars), de l'Allemagne (1,5 billions de dollars), du Royaume-Uni (1,5 billions de dollars) et de la France (1,1 billions de dollars). Les dépenses ménagères par habitant en Zambie étaient inférieures à celles des États-Unis (28 799,1 de dollars), du Royaume-Uni (24 959,3 de dollars), du Japon (20 355,9 de dollars), de l'Allemagne (18 912,2 de dollars) et de la France (18 146,8 de dollars). La croissance des dépenses ménagères en Zambie était supérieure à celle des États-Unis (2,4%), du Royaume-Uni (2,1%), de la France (2,0%), du Japon (0,81%) et de l'Allemagne (0,46%).

Les années 2010

Les dépenses ménagères de la Zambie étaient de 12,3 milliards de dollars par an dans les années 2010, au 114ème rang mondial à égalité avec la Libye (12,2 milliards de dollars), la Palestine (12,5 milliards de dollars), la Géorgie (12,0 milliards de dollars). La part dans le monde était de 0,028% et de 0,81% en Afrique.

La part des dépenses ménagères dans le PIB de la Zambie était de 50,8% dans les années 2010, se classant au 169ème rang mondial, à égalité avec la Thaïlande (50,9%), la Hongrie (51,0%), l'Estonie (50,6%).

Les dépenses ménagères par habitant en Zambie étaient de 782 dollars dans les années 2010, se classant au 182ème rang mondial, à égalité avec le Bénin (783,3 de dollars). Les dépenses ménagères par habitant en Zambie étaient 7,7 fois inférieures les dépenses ménagères par habitant au Monde (6 018,5 US$), et 39,5% inférieures les dépenses ménagères par habitant en Afrique (1 292,9 US$).

La croissance des dépenses ménagères en Zambie était de 3.2% dans les années 2010, se classant au 97ème rang mondial, à égalité avec l'Ukraine (3,2%). La croissance des dépenses ménagères en Zambie (3,2%) a été supérieure à celle du monde (2,8%), et inférieure à celle de l'Afrique (3,3%).

Comparaison avec les voisins. Les dépenses ménagères de la Zambie étaient 20,3% supérieures à celles du Mozambique (10,2 milliards de dollars) et 2,1 fois supérieures à celles du Malawi (5,8 milliards de dollars); mais 4,3 fois inférieures à celles de l'Angola (52,3 milliards de dollars), 2,5 fois inférieures à celles de la Tanzanie (30,4 milliards de dollars), 2,1 fois inférieures à celles de la RDC (26,2 milliards de dollars) et 23,4% inférieures à celles du Zimbabwe (16,0 milliards de dollars). Les dépenses ménagères par habitant en Zambie étaient 31,0% supérieures à celles de la Tanzanie (596,8 de dollars), 2,1 fois supérieures à celles du Mozambique (380,6 de dollars), 2,2 fois supérieures à celles de la république démocratique du Congo (348,1 de dollars) et 2,2 fois supérieures à celles du Malawi (347,7 de dollars); mais 2,4 fois inférieures à celles de l'Angola (1 903,6 de dollars) et 33,1% inférieures à celles du Zimbabwe (1 169,3 de dollars). La croissance des dépenses ménagères en Zambie était supérieure à celle du Zimbabwe (2,8%); mais inférieure à celle de la république démocratique du Congo (5,5%), du Mozambique (5,2%), de l'Angola (5,1%), de la Tanzanie (4,8%) et du Malawi (3,7%).

Chapitre XIII. Dépenses ménagères

Comparaison avec les leaders. Les dépenses ménagères de la Zambie étaient 994,8 fois inférieures à celles des États-Unis (12,2 billions de dollars), 320,6 fois inférieures à celles de la Chine (3,9 billions de dollars), 243,7 fois inférieures à celles du Japon (3,0 billions de dollars), 159,8 fois inférieures à celles de l'Allemagne (2,0 billions de dollars) et 145,4 fois inférieures à celles du Royaume-Uni (1,8 billions de dollars). Les dépenses ménagères par habitant en Zambie étaient 48,8 fois inférieures à celles des États-Unis (38 161,2 de dollars), 34,7 fois inférieures à celles du Royaume-Uni (27 164,8 de dollars), 30,6 fois inférieures à celles de l'Allemagne (23 925,0 de dollars), 29,9 fois inférieures à celles du Japon (23 352,2 de dollars) et 3,6 fois inférieures à celles de la Chine (2 801,9 de dollars). La croissance des dépenses ménagères en Zambie était supérieure à celle des États-Unis (2,4%), du Royaume-Uni (1,8%), de l'Allemagne (1,4%) et du Japon (0,64%); mais inférieure à celle de la Chine (8,3%).

Chapitre XIV. Consommation de nourriture

Au cours de la période de recherche, la consommation alimentaire des produits suivants a augmenté: épices (de 8,4 fois), stimulants (de 91,9%), racines riches (de 74,5%), huiles végétales (de 60,2%), mais diminué pour les produits suivants: viande (de 14,6%), fruits (de 15,0%), œufs (de 20,1%), légumes (de 22,5%), céréales (de 39,5%), légumineuses (de 41,1%), sucre (de 44,2%), poisson (de 91,5%), lait (de 2,2 fois), alcool (de 3,3 fois).

Voici les coefficients de corrélation entre le RNB par habitant à prix constants et la consommation alimentaire: stimulants (0.875), huiles végétales (0.859), épices (0.723), racines riches (0.633), légumineuses (0.063), œufs (-0.13), viande (-0.171), lait (-0.464), alcool (-0.482), légumes (-0.605), poisson (-0.672), céréales (-0.804), sucre (-0.859), fruits (-0.882).

Les années 1970

La consommation de kcal en Zambie était de 2 304,5 kcal/jour par habitant dans les années 1970, se situant au 78ème rang mondial à égalité avec le Pakistan (2 310,4 kcal/jour par habitant), le Zimbabwe (2 296,3 kcal/jour par habitant), l'Afrique du Nord (2 322,9 kcal/jour par habitant). La consommation de kcal en Zambie était inférieur à celui dans le monde (2 403,2 kcal/jour par habitant), et était supérieur à celui en Afrique (2 120,4 kcal/jour par habitant). La consommation de kcal avait la structure suivante: céréales (66.1%), racines riches (6.5%), sucre (6.4%), alcool (4.3%), huiles végétales (3.1%), et d'autres (13.6%).

La consommation de protéines en Zambie était de 64,5 g/jour par habitant dans les années 1970, au 67ème rang mondial à égalité avec le Lesotho (64,5 g/jour par habitant), l'Amérique du Sud (64,3 g/jour par habitant), Macao (64,2 g/jour par habitant). La consommation de protéines en Zambie était inférieur à celui dans le monde (65,0 g/jour par habitant), et était supérieur à celui en Afrique (54,9 g/jour par habitant). La consommation de protéines avait la structure suivante: céréales (63.5%), viande (9.6%), poisson (5.9%), lait (2.6%), légumineuses (2.4%), et d'autres (16%).

La consommation de graisse en Zambie était de 41,7 g/jour par habitant dans les années 1970, se situant au 106ème rang mondial à égalité avec le Malawi (41,7 g/jour par habitant), l'Eswatini (41,6 g/jour par habitant), l'Arabie saoudite (41,9 g/jour par habitant). La consommation de graisse en Zambie était inférieur à celui dans le monde (55,1 g/jour par habitant), et était inférieur à celui en Afrique (43,8 g/jour par habitant). La consommation de graisse avait la structure suivante: céréales (36.3%), huiles végétales (19.5%), viande (11%), lait (4.2%), œufs (2.2%), et d'autres (26.8%).

Voici les niveaux de consommation alimentaire dans le classement mondial: 14ème - céréales (183,4 kg/habitant/an), 20ème - alcool (97,7 kg/habitant/an), 66ème - poisson (12,6 kg/habitant/an), 69ème - œufs (4,0 kg/habitant/an), 72ème - racines riches (51,3 kg/habitant/an), 89ème - légumes (32,3 kg/habitant/an), 97ème - viande (15,4 kg/habitant/an), 104ème - légumineuses (2,5 kg/habitant/an), 107ème - sucre (15,1 kg/habitant/an), 114ème - lait (19,3 kg/habitant/an), 115ème - huiles végétales (3,0 kg/habitant/an), 116ème - stimulants (0,34 kg/habitant/an), 126ème - noix (0,012 kg/habitant/an), 131ème - épices (0,038 kg/habitant/an), 141ème - fruits (11,5 kg/habitant/an).

Les années 1980

La consommation de kcal en Zambie était de 2 112,7 kcal/jour par habitant dans les années 1980, se classant au 119ème rang mondial à égalité avec la république du Congo (2 111,6 kcal/jour par habitant), le Yémen (2 109,3 kcal/jour par habitant), le Botswana (2 108,9 kcal/jour par habitant). La consommation de kcal en Zambie était inférieur à celui dans le monde (2 572,3 kcal/jour par habitant), et était inférieur à celui en Afrique (2 241,9 kcal/jour par habitant). La consommation de kcal avait la structure suivante: céréales (69.7%), racines riches (8.5%), sucre (8.1%), huiles végétales (3.6%), viande (2.5%), et d'autres (7.6%).

La consommation de protéines en Zambie était de 54,5 g/jour par habitant dans les années 1980, se situant au 108ème rang mondial à égalité avec la Guinée (54,6 g/jour par habitant). La consommation de protéines en Zambie était inférieur à celui dans le monde (69,1 g/jour par habitant), et était inférieur à celui en Afrique (57,5 g/jour par habitant). La consommation de protéines avait la structure suivante: céréales (72%), viande (9.3%), poisson (4.9%), racines riches (2.9%), légumes (2.1%), et d'autres (8.8%).

La consommation de graisse en Zambie était de 32,3 g/jour par habitant dans les années 1980, au 139ème rang mondial à égalité avec le Togo (32,3 g/jour par habitant), d'Haïti (32,6 g/jour par habitant), la Tanzanie (32,0 g/jour par habitant). La consommation de graisse en Zambie était inférieur à celui dans le monde (63,2 g/jour par habitant), et était inférieur à celui en Afrique (46,6 g/jour par habitant). La consommation de graisse avait la structure suivante: céréales (45.8%), huiles végétales (26.3%), viande (11.1%), lait (2.9%), œufs (2.2%), et d'autres (11.7%).

Chapitre XIV. Consommation de nourriture

Voici les niveaux de consommation alimentaire dans le classement mondial: 18ème - céréales (176,0 kg/habitant/an), 55ème - alcool (39,5 kg/habitant/an), 60ème - racines riches (60,9 kg/habitant/an), 87ème - œufs (3,1 kg/habitant/an), 89ème - poisson (9,0 kg/habitant/an), 96ème - légumes (31,7 kg/habitant/an), 108ème - sucre (17,6 kg/habitant/an), 118ème - viande (12,4 kg/habitant/an), 131ème - épices (0,053 kg/habitant/an), 132ème - huiles végétales (3,1 kg/habitant/an), 133ème - lait (10,8 kg/habitant/an), 136ème - stimulants (0,11 kg/habitant/an), 139ème - légumineuses (1,0 kg/habitant/an), 142ème - fruits (12,0 kg/habitant/an).

Les années 1990

La consommation de kcal en Zambie était de 2 001,4 kcal/jour par habitant dans les années 1990, se classant au 153ème rang mondial à égalité avec le Laos (2 003,5 kcal/jour par habitant), la république du Congo (2 007,4 kcal/jour par habitant), le Viêt Nam (2 010,9 kcal/jour par habitant). La consommation de kcal en Zambie était inférieur à celui dans le monde (2 652,6 kcal/jour par habitant), et était inférieur à celui en Afrique (2 365,6 kcal/jour par habitant). La consommation de kcal avait la structure suivante: céréales (65.6%), racines riches (12.7%), sucre (7.1%), huiles végétales (3.2%), viande (3.1%), et d'autres (8.3%).

La consommation de protéines en Zambie était de 51,2 g/jour par habitant dans les années 1990, se situant au 142ème rang mondial. La consommation de protéines en Zambie était inférieur à celui dans le monde (72,1 g/jour par habitant), et était inférieur à celui en Afrique (60,1 g/jour par habitant). La consommation de protéines avait la structure suivante: céréales (68.2%), viande (10.9%), poisson (4.6%), racines riches (4.3%), légumineuses (2%), et d'autres (10%).

La consommation de graisse en Zambie était de 30,7 g/jour par habitant dans les années 1990, se classant au 162ème rang mondial à égalité avec Madagascar (30,4 g/jour par habitant). La consommation de graisse en Zambie était inférieur à celui dans le monde (69,0 g/jour par habitant), et était inférieur à celui en Afrique (48,6 g/jour par habitant). La consommation de graisse avait la structure suivante: céréales (43.7%), huiles végétales (23.8%), viande (13.6%), lait (2.6%), œufs (2.4%), et d'autres (13.9%).

Voici les niveaux de consommation alimentaire dans le classement mondial: 42ème - racines riches (85,5 kg/habitant/an), 46ème - céréales (156,8 kg/habitant/an), 65ème - alcool (38,9 kg/habitant/an), 100ème - poisson (8,3 kg/habitant/an), 118ème - épices (0,22 kg/habitant/an), 127ème - sucre (14,7 kg/habitant/an), 133ème - viande (13,8 kg/habitant/an), 135ème - légumineuses (1,7 kg/habitant/an), 142ème - légumes (27,2 kg/habitant/an), 151ème - noix (0,030 kg/habitant/an), 155ème - lait (9,5 kg/habitant/an), 157ème - huiles végétales (2,7 kg/habitant/an), 160ème - fruits (10,9 kg/habitant/an), 164ème - stimulants (0,11 kg/habitant/an).

Les années 2000

La consommation de kcal en Zambie était de 1 850,9 kcal/jour par habitant dans les années 2000, se classant au 173ème rang mondial. La consommation de kcal en Zambie était inférieur à celui dans le monde (2 765,9 kcal/jour par habitant), et était inférieur à celui en Afrique (2 509,9 kcal/jour par habitant). La consommation de kcal avait la structure suivante: céréales (60.2%), racines riches (14.9%), sucre (6%), huiles végétales (5.8%), viande (3.2%), et d'autres (9.9%).

La consommation de protéines en Zambie était de 47,5 g/jour par habitant dans les années 2000, au 166ème rang mondial. La consommation de protéines en Zambie était inférieur à celui dans le monde (76,5 g/jour par habitant), et était inférieur à celui en Afrique (65,1 g/jour par habitant). La consommation de protéines avait la structure suivante: céréales (62.3%), viande (11.2%), racines riches (5.1%), poisson (4.2%), légumineuses (2.8%), et d'autres (14.4%).

La consommation de graisse en Zambie était de 34,8 g/jour par habitant dans les années 2000, au 164ème rang mondial. La consommation de graisse en Zambie était inférieur à celui dans le monde (76,9 g/jour par habitant), et était inférieur à celui en Afrique (52,8 g/jour par habitant). La consommation de graisse avait la structure suivante: huiles végétales (34.9%), céréales (31.7%), viande (11.5%), œufs (2.2%), lait (1.9%), et d'autres (17.8%).

Voici les niveaux de consommation alimentaire dans le classement mondial: 45ème - racines riches (93,2 kg/habitant/an), 79ème - céréales (133,0 kg/habitant/an), 92ème - alcool (27,9 kg/habitant/an), 111ème - épices (0,35 kg/habitant/an), 115ème - œufs (3,3 kg/habitant/an), 119ème - poisson (6,9 kg/habitant/an), 123ème - légumineuses (2,2 kg/habitant/an), 144ème - sucre (11,6 kg/habitant/an), 147ème - viande (13,4 kg/habitant/an), 155ème - légumes (24,4 kg/habitant/an), 157ème - huiles végétales (4,4 kg/habitant/an), 161ème - lait (7,8 kg/habitant/an), 165ème - stimulants (0,25 kg/habitant/an), 168ème - fruits (10,6 kg/habitant/an).

Les années 2010

La consommation de kcal en Zambie était de 1 916,0 kcal/jour par habitant dans les années 2010, se situant au 173ème rang mondial. La consommation de kcal en Zambie était inférieur à celui dans le monde (2 869,3 kcal/jour par habitant), et était inférieur à celui en

Afrique (2 612,5 kcal/jour par habitant). La consommation de kcal avait la structure suivante: céréales (57.6%), racines riches (13.7%), huiles végétales (6%), sucre (5.3%), viande (3.2%), et d'autres (14.2%).

La consommation de protéines en Zambie était de 53,8 g/jour par habitant dans les années 2010, au 164ème rang mondial à égalité avec Sao Tomé-et-Principe (53,7 g/jour par habitant), l'Ouganda (54,0 g/jour par habitant). La consommation de protéines en Zambie était inférieur à celui dans le monde (80,6 g/jour par habitant), et était inférieur à celui en Afrique (69,0 g/jour par habitant). La consommation de protéines avait la structure suivante: céréales (54.3%), viande (9.8%), racines riches (4.4%), poisson (3.5%), légumineuses (2%), et d'autres (26%).

La consommation de graisse en Zambie était de 42,0 g/jour par habitant dans les années 2010, se situant au 162ème rang mondial. La consommation de graisse en Zambie était inférieur à celui dans le monde (82,4 g/jour par habitant), et était inférieur à celui en Afrique (54,7 g/jour par habitant). La consommation de graisse avait la structure suivante: huiles végétales (30.9%), céréales (26.2%), viande (10.4%), œufs (1.8%), lait (1.7%), et d'autres (29%).

Voici les niveaux de consommation alimentaire dans le classement mondial: 45ème - racines riches (89,5 kg/habitant/an), 90ème - céréales (131,4 kg/habitant/an), 100ème - alcool (29,8 kg/habitant/an), 114ème - épices (0,32 kg/habitant/an), 117ème - œufs (3,4 kg/habitant/an), 123ème - poisson (6,6 kg/habitant/an), 135ème - légumineuses (1,8 kg/habitant/an), 148ème - sucre (10,5 kg/habitant/an), 152ème - stimulants (0,66 kg/habitant/an), 155ème - viande (13,4 kg/habitant/an), 156ème - légumes (26,3 kg/habitant/an), 160ème - lait (8,9 kg/habitant/an), 165ème - noix (0,020 kg/habitant/an), 168ème - fruits (10,0 kg/habitant/an).

Partie V. Reproduction

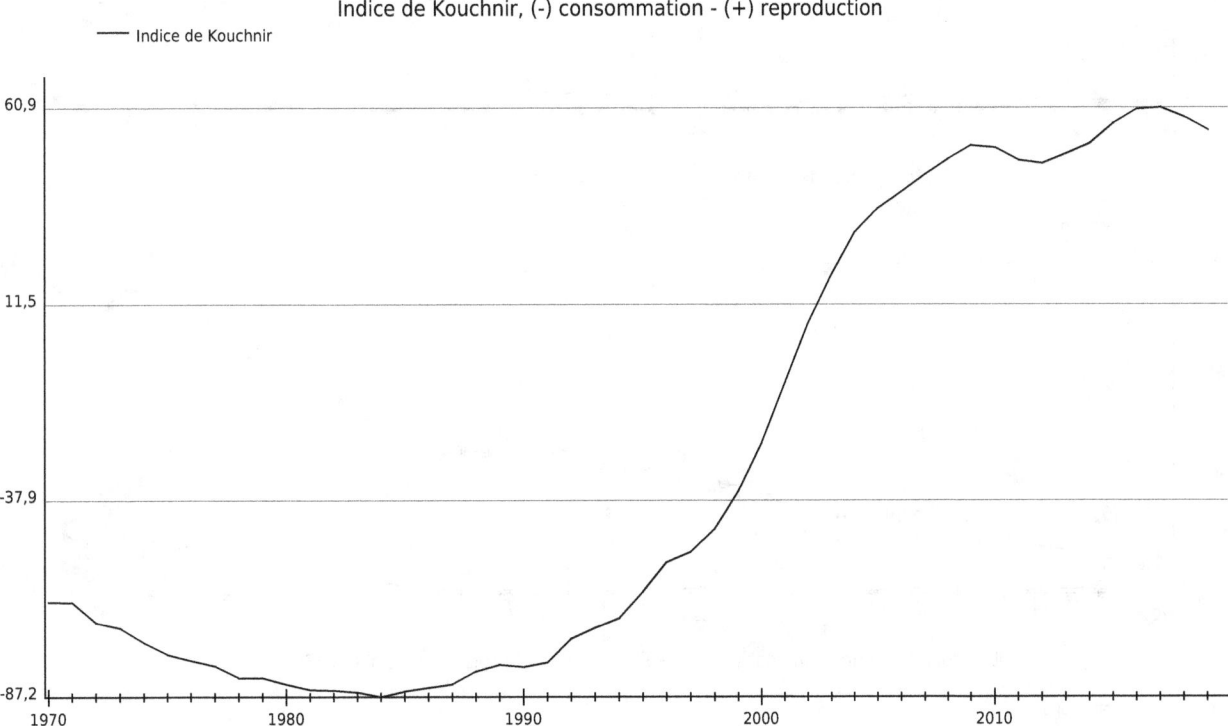

Chapitre XV. Formation de capital fixe

Formation brute de capital fixe

La formation de capital de la Zambie est passé de 326,3 millions de dollars par an dans les années 1970 à 7,7 milliards de dollars par an dans les années 2010, c'est-à-dire 7,4 milliards de dollars ou de 23,7 fois. La variation a été de 7,2 milliards de dollars en raison de l'augmentation de 15,0 fois des prix, et de -530,8 millions de dollars en raison de la baisse du taux par habitant de 2,0 fois, et de 721,3 millions de dollars en raison de la croissance démographique. La croissance annuelle moyenne de la formation brute de capital fixe était de 0,95%. La valeur minimale était de 234,5 millions de dollars en 1970. La valeur maximale était de 10,0 milliards de dollars en 2017.

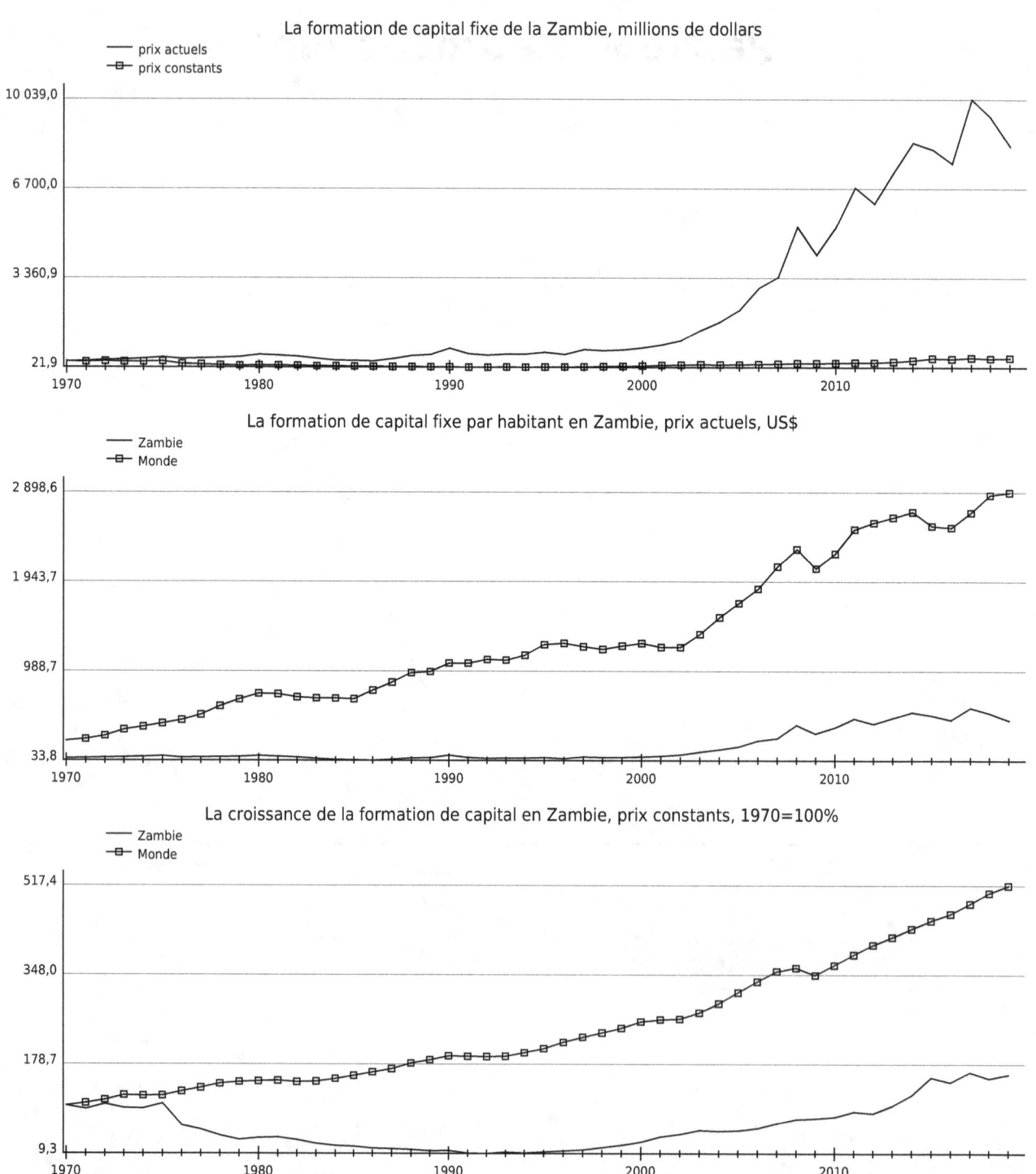

Chapitre XV. Formation de capital fixe

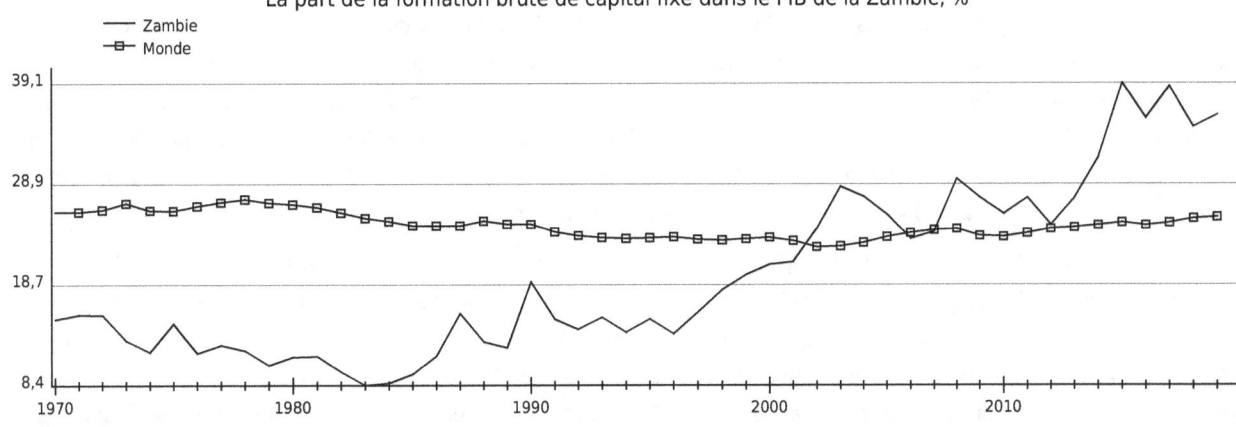

Les années 1970

La formation de capital fixe de la Zambie était de 326,3 millions de dollars par an dans les années 1970, au 100ème rang mondial à égalité avec la république du Congo (322,2 millions de dollars). La part dans le monde était de 0,019% et de 0,27% en Afrique.

La part de la formation brute de capital fixe dans le PIB de la Zambie était de 12,9% dans les années 1970, se situant au 163ème rang mondial, à égalité avec le Sénégal (13,0%), les Palaos (13,0%).

La formation de capital par habitant en Zambie était de 66.8 dollars dans les années 1970, se situant au 146ème rang mondial, à égalité avec le Ghana (67,0 de dollars), le Kenya (67,5 de dollars). La formation de capital par habitant en Zambie était 6,5 fois inférieure la formation de capital fixe par habitant au Monde (433,5 US$), et 4,3 fois inférieure la formation de capital par habitant en Afrique (289,8 US$).

La croissance de la formation de capital en Zambie était de -11% dans les années 1970, au 184ème rang mondial. La croissance de la formation brute de capital fixe en Zambie (-11,0%) a été inférieure à celle du monde (4,2%), et inférieure à celle de l'Afrique (7,1%).

Comparaison avec les voisins. La formation de capital fixe de la Zambie était supérieure à celle du Malawi (274,9 millions de dollars) et du Zimbabwe (131,9 millions de dollars); mais inférieure à celle de la RDC (2,3 milliards de dollars), de la Tanzanie (1,3 milliards de dollars), de l'Angola (1,1 milliards de dollars) et du Mozambique (698,1 millions de dollars). La formation de capital fixe par habitant en Zambie était supérieure à celle du Malawi (51,4 de dollars) et du Zimbabwe (21,3 de dollars); mais inférieure à celle de l'Angola (154,6 de dollars), de la république démocratique du Congo (102,4 de dollars), de la Tanzanie (80,5 de dollars) et du Mozambique (69,1 de dollars). La croissance de la formation brute de capital fixe en Zambie était inférieure à celle du Malawi (15,4%), de la RDC (4,8%), de la Tanzanie (4,2%), du Mozambique (3,9%), de l'Angola (0,22%) et du Zimbabwe (-1,5%).

Comparaison avec les leaders. La formation de capital fixe de la Zambie était inférieure à celle des États-Unis (381,9 milliards de dollars), de l'URSS (214,6 milliards de dollars), du Japon (191,6 milliards de dollars), de l'Allemagne (125,8 milliards de dollars) et de la France (82,9 milliards de dollars). La formation de capital par habitant en Zambie était inférieure à celle des États-Unis (1 750,0 de dollars), du Japon (1 720,7 de dollars), de l'Allemagne (1 597,2 de dollars), de la France (1 545,4 de dollars) et de l'URSS (850,9 de dollars). La croissance de la formation brute de capital fixe en Zambie était inférieure à celle des États-Unis (4,4%), du Japon (3,9%), de l'URSS (3,2%), de la France (2,7%) et de l'Allemagne (1,5%).

Les années 1980

La formation de capital fixe de la Zambie était de 375,6 millions de dollars par an dans les années 1980, se situant au 115ème rang mondial à égalité avec le Botswana (374,1 millions de dollars). La part dans le monde était de 0,0098% et de 0,19% en Afrique.

La part de la formation brute de capital fixe dans le PIB de la Zambie était de 11,0% dans les années 1980, au 177ème rang mondial, à égalité avec la République centrafricaine (11,1%).

La formation de capital fixe par habitant en Zambie était de 55.1 dollars dans les années 1980, se situant au 160ème rang mondial, à égalité avec le Burkina Faso (54,2 de dollars). La formation de capital par habitant en Zambie était 14,4 fois inférieure la formation de capital fixe par habitant au Monde (790,9 US$), et 6,6 fois inférieure la formation de capital par habitant en Afrique (362,0 US$).

La croissance de la formation de capital en Zambie était de -8.9% dans les années 1980, au 180ème rang mondial. La croissance de la formation de capital en Zambie (-8,9%) a été inférieure à celle du monde (2,5%), et inférieure à celle de l'Afrique (-3,3%).

Comparaison avec les voisins. La formation de capital de la Zambie était supérieure à celle du Malawi (347,4 millions de dollars) et du Zimbabwe (261,6 millions de dollars); mais inférieure à celle de la Tanzanie (2,2 milliards de dollars), de la république démocratique du Congo (2,0 milliards de dollars), de l'Angola (1,6 milliards de dollars) et du Mozambique (631,4 millions de dollars). La formation de capital fixe par habitant en Zambie était supérieure à celle du Mozambique (50,6 de dollars), du Malawi (47,1 de dollars) et du Zimbabwe (29,9 de dollars); mais inférieure à celle de l'Angola (161,8 de dollars), de la Tanzanie (102,8 de dollars) et de la RDC (66,7 de dollars). La croissance de la formation de capital en Zambie était inférieure à celle de la RDC (7,3%), du Zimbabwe (3,5%), de la Tanzanie (-4,4%), du Mozambique (-4,9%), du Malawi (-5,2%) et de l'Angola (-6,4%).

Comparaison avec les leaders. La formation de capital de la Zambie était inférieure à celle des États-Unis (958,4 milliards de dollars), du Japon (571,7 milliards de dollars), de l'URSS (271,0 milliards de dollars), de l'Allemagne (238,1 milliards de dollars) et de la France (164,3 milliards de dollars). La formation de capital fixe par habitant en Zambie était inférieure à celle du Japon (4 713,7 de dollars), des États-Unis (4 002,1 de dollars), de l'Allemagne (3 052,1 de dollars), de la France (2 907,7 de dollars) et de l'URSS (984,8 de dollars). La croissance de la formation brute de capital fixe en Zambie était inférieure à celle du Japon (4,8%), des États-Unis (3,1%), de la France (2,4%), de l'URSS (1,7%) et de l'Allemagne (1,4%).

Les années 1990

La formation de capital de la Zambie était de 577,9 millions de dollars par an dans les années 1990, se classant au 136ème rang mondial à égalité avec Monaco (572,7 millions de dollars), la Guinée (583,6 millions de dollars). La part dans le monde était de 0,0086% et de 0,47% en Afrique.

La part de la formation brute de capital fixe dans le PIB de la Zambie était de 16,0% dans les années 1990, se classant au 176ème rang mondial, à égalité avec le Kenya (16,1%), le Pakistan (16,1%), le Koweït (15,9%).

La formation de capital par habitant en Zambie était de 64 dollars dans les années 1990, au 180ème rang mondial, à égalité avec le Burkina Faso (62,8 de dollars). La formation de capital fixe par habitant en Zambie était 18,5 fois inférieure la formation de capital par habitant au Monde (1 183,8 US$), et 2,7 fois inférieure la formation de capital fixe par habitant en Afrique (173,2 US$).

La croissance de la formation de capital en Zambie était de 6% dans les années 1990, se classant au 60ème rang mondial, à égalité avec d'Aruba (5,9%), le Guyana (5,9%), d'Haïti (6,0%). La croissance de la formation brute de capital fixe en Zambie (6,0%) a été supérieure à celle du monde (2,8%), et supérieure à celle de l'Afrique (3,2%).

Comparaison avec les voisins. La formation de capital de la Zambie était supérieure à celle du Mozambique (560,6 millions de dollars), du Malawi (423,7 millions de dollars) et du Zimbabwe (395,0 millions de dollars); mais inférieure à celle de l'Angola (2,5 milliards de dollars), de la Tanzanie (2,4 milliards de dollars) et de la république démocratique du Congo (883,1 millions de dollars). La formation de capital fixe par habitant en Zambie était supérieure à celle du Malawi (42,5 de dollars), du Mozambique (37,0 de dollars), du Zimbabwe (35,1 de dollars) et de la république démocratique du Congo (21,8 de dollars); mais inférieure à celle de l'Angola (180,0 de dollars) et de la Tanzanie (81,1 de dollars). La croissance de la formation brute de capital fixe en Zambie était supérieure à celle de la Tanzanie (4,8%), du Zimbabwe (3,0%), du Malawi (-0,73%) et de la république démocratique du Congo (-14,3%); mais inférieure à celle de l'Angola (17,1%) et du Mozambique (7,4%).

Comparaison avec les leaders. La formation de capital fixe de la Zambie était inférieure à celle des États-Unis (1,6 billions de dollars), du Japon (1,3 billions de dollars), de l'Allemagne (520,7 milliards de dollars), de la France (299,3 milliards de dollars) et du Royaume-Uni (250,0 milliards de dollars). La formation de capital fixe par habitant en Zambie était inférieure à celle du Japon (10 425,9 de dollars), de l'Allemagne (6 456,6 de dollars), des États-Unis (6 067,2 de dollars), de la France (5 039,5 de dollars) et du Royaume-Uni (4 319,1 de dollars). La croissance de la formation brute de capital fixe en Zambie était supérieure à celle des États-Unis (4,8%), de l'Allemagne (2,4%), du Royaume-Uni (1,7%), de la France (1,5%) et du Japon (0,18%).

Les années 2000

La formation de capital fixe de la Zambie était de 2,4 milliards de dollars par an dans les années 2000, au 114ème rang mondial à égalité avec le Botswana (2,4 milliards de dollars). La part dans le monde était de 0,022% et de 0,93% en Afrique.

La part de la formation brute de capital fixe dans le PIB de la Zambie était de 26,0% dans les années 2000, se classant au 68ème rang mondial, à égalité avec l'Asie centrale (26,0%), l'Islande (26,0%), la Bulgarie (26,1%).

La formation de capital fixe par habitant en Zambie était de 202.3 dollars dans les années 2000, se situant au 164ème rang mondial, à

Chapitre XV. Formation de capital fixe

égalité avec Sao Tomé-et-Principe (205,3 de dollars). La formation de capital fixe par habitant en Zambie était 8,4 fois inférieure la formation de capital par habitant au Monde (1 690,7 US$), et 28,0% inférieure la formation de capital fixe par habitant en Afrique (280,9 US$).

La croissance de la formation de capital en Zambie était de 11.9% dans les années 2000, au 25ème rang mondial, à égalité avec l'Asie centrale (11,9%). La croissance de la formation brute de capital fixe en Zambie (11,9%) a été supérieure à celle du monde (3,5%), et supérieure à celle de l'Afrique (5,6%).

Comparaison avec les voisins. La formation de capital fixe de la Zambie était supérieure à celle de la république démocratique du Congo (1,5 milliards de dollars), du Mozambique (1,1 milliards de dollars), du Zimbabwe (618,5 millions de dollars) et du Malawi (587,7 millions de dollars); mais inférieure à celle de l'Angola (11,4 milliards de dollars) et de la Tanzanie (5,4 milliards de dollars). La formation de capital par habitant en Zambie était supérieure à celle de la Tanzanie (141,5 de dollars), du Mozambique (55,8 de dollars), du Zimbabwe (51,1 de dollars), du Malawi (46,9 de dollars) et de la RDC (27,8 de dollars); mais inférieure à celle de l'Angola (593,9 de dollars). La croissance de la formation de capital en Zambie était supérieure à celle de la Tanzanie (11,3%), du Mozambique (11,0%), du Malawi (9,3%), de l'Angola (2,8%) et du Zimbabwe (1,8%); mais inférieure à celle de la RDC (14,1%).

Comparaison avec les leaders. La formation de capital de la Zambie était inférieure à celle des États-Unis (2,8 billions de dollars), du Japon (1,2 billions de dollars), de la Chine (1,0 billions de dollars), de l'Allemagne (557,7 milliards de dollars) et de la France (463,9 milliards de dollars). La formation de capital fixe par habitant en Zambie était inférieure à celle des États-Unis (9 376,4 de dollars), du Japon (8 981,8 de dollars), de la France (7 386,7 de dollars), de l'Allemagne (6 851,1 de dollars) et de la Chine (782,2 de dollars). La croissance de la formation de capital en Zambie était supérieure à celle de la France (1,6%), des États-Unis (0,43%), de l'Allemagne (-0,56%) et du Japon (-2,0%); mais inférieure à celle de la Chine (13,4%).

Les années 2010

La formation de capital fixe de la Zambie était de 7,7 milliards de dollars par an dans les années 2010, se classant au 95ème rang mondial à égalité avec Cuba (7,6 milliards de dollars), Macao (7,9 milliards de dollars), la république démocratique du Congo (7,6 milliards de dollars). La part dans le monde était de 0,040% et de 1,5% en Afrique.

La part de la formation de capital dans le PIB de la Zambie était de 32,1% dans les années 2010, se classant au 24ème rang mondial, à égalité avec le Botswana (32,0%), la Mauritanie (32,0%), l'Indonésie (32,2%).

La formation de capital par habitant en Zambie était de 493.5 dollars dans les années 2010, se situant au 159ème rang mondial, à égalité avec le Nicaragua (482,9 de dollars). La formation de capital par habitant en Zambie était 5,3 fois inférieure la formation de capital fixe par habitant au Monde (2 621,1 US$), et 12,1% supérieure la formation de capital par habitant en Afrique (440,4 US$).

La croissance de la formation de capital en Zambie était de 7.7% dans les années 2010, se situant au 31ème rang mondial. La croissance de la formation brute de capital fixe en Zambie (7,7%) a été supérieure à celle du monde (4,1%), et supérieure à celle de l'Afrique (3,1%).

Comparaison avec les voisins. La formation de capital de la Zambie était 2,0% supérieure à celle de la république démocratique du Congo (7,6 milliards de dollars), 56,8% supérieure à celle du Mozambique (4,9 milliards de dollars), 3,8 fois supérieure à celle du Zimbabwe (2,0 milliards de dollars) et 8,9 fois supérieure à celle du Malawi (869,7 millions de dollars); mais 3,7 fois inférieure à celle de l'Angola (28,2 milliards de dollars) et 2,3 fois inférieure à celle de la Tanzanie (17,5 milliards de dollars). La formation de capital fixe par habitant en Zambie était 43,8% supérieure à celle de la Tanzanie (343,1 de dollars), 2,7 fois supérieure à celle du Mozambique (184,2 de dollars), 3,3 fois supérieure à celle du Zimbabwe (148,2 de dollars), 4,9 fois supérieure à celle de la RDC (100,8 de dollars) et 9,4 fois supérieure à celle du Malawi (52,6 de dollars); mais 2,1 fois inférieure à celle de l'Angola (1 027,4 de dollars). La croissance de la formation brute de capital fixe en Zambie était supérieure à celle du Zimbabwe (7,5%), du Malawi (1,6%) et de l'Angola (-3,0%); mais inférieure à celle du Mozambique (15,2%), de la Tanzanie (12,4%) et de la RDC (8,9%).

Comparaison avec les leaders. La formation de capital fixe de la Zambie était 584,7 fois inférieure à celle de la Chine (4,5 billions de dollars), 465,3 fois inférieure à celle des États-Unis (3,6 billions de dollars), 156,5 fois inférieure à celle du Japon (1,2 billions de dollars), 97,3 fois inférieure à celle de l'Allemagne (752,5 milliards de dollars) et 90,1 fois inférieure à celle de l'Inde (696,8 milliards de dollars). La formation de capital fixe par habitant en Zambie était 22,8 fois inférieure à celle des États-Unis (11 264,9 de dollars), 19,2 fois inférieure à celle du Japon (9 460,2 de dollars), 18,6 fois inférieure à celle de l'Allemagne (9 192,9 de dollars), 6,5 fois inférieure à celle de la Chine (3 224,9 de dollars) et 7,8% inférieure à celle de l'Inde (535,2 de dollars). La croissance de la formation de capital en

Zambie était supérieure à celle de l'Inde (5,8%), des États-Unis (3,8%), de l'Allemagne (2,8%) et du Japon (1,8%); mais inférieure à celle de la Chine (8,0%).

www.ingramcontent.com/pod-product-compliance
Lightning Source LLC
Chambersburg PA
CBHW080520220526

45465CB00006B/2541